단청, 세계문화유산
법주사 팔상전

단청, 세계문화유산 법주사 팔상전

2019년 8월 30일 초판 1쇄 발행

글쓴이   곽동해

펴낸이   권혁재

편 집   권이지

펴낸곳   학연문화사
등 록   1988년 2월 26일 제2-501호
주 소   서울시 금천구 가산디지털1로 168 우림라이온스밸리 B동 712호

전 화   02-2026-0541
팩 스   02-2026-0547
E-mail   hak7891@chol.com

책값은 뒷표지에 있습니다.
잘못된 책은 바꾸어 드립니다.

ISBN 978-89-5508-401-6 93910

단청, 세계문화유산
법주사 팔상전

곽동해 지음

학연문화사

차 례

머리말 : 전통단청예술의 오롯한 기림을 위하여   7

법주사 팔상전 전경   15

길상채색의 비고(祕庫), 법주사 팔상전 단청   129

    1. 개설, 팔상전의 건축과 단청채색   131
    2. 연혁, 팔상전의 건립과 단청   135
    3. 추론, 팔상전의 대수리와 단청   139
    4. 창의성의 비고(祕庫), 팔상전 단청의 길상들   144

법주사 팔상전 단청문양 배치현황 및 모사도   167

전통단청예술의 오롯한 기림을 위하여

　2018년, 법주사는 다른 6곳의 한국의 산사山寺와 함께 유네스코 세계유산으로 지정되었다. 국보 제55호 법주사 팔상전은 세계문화유산 법주사의 가장 핵심적인 문화재이다. 법주사 팔상전은 한국 유일의 5층 목탑건축이다. 553년(신라 진흥왕 14)에 창건된 법주사는 16세기 말 왜란 이전까지 천년의 법통을 이어온 한국불교의 호국도량이었다. 그러나 법주사는 정유재란 시에 팔상전을 비롯한 대가람의 많은 당우들이 전화戰禍를 피할 수 없었다. 통일신라시대에 조성된 국보 제5호 쌍사자석등, 국보 제64호 석련지石蓮池와 같은 석조물을 제외하고 가람의 많은 건축들이 화마를 입었던 것이다.

　팔상전은 1605년(선조38)부터 복원공사가 시작되어 1626년(인조4)에 재건이 완료되었다. 그 후 세 번의 대수리를 거쳐 오늘에 이른다. 팔상전은 1탑 1금당 구조의 법주사 가람배치에서 탑의 기능을 하고 있다. 내부에 팔상도가 안치되었고, 배례를 할 수 있는 공간이 있기 때문에 '팔상전捌相殿'이라 이름 되었지만 엄밀히 말하면 '팔상탑'인 것이다.

　법주사 팔상전과 비견되는 탑이 하나있다. 일본 나라奈良의 세계문화유산 법륭사法隆寺 오중탑五重塔이 바로 그것이다. 7세기 초 쇼토쿠태자聖德太子가 발원하여, 백제 장인의 건축술로 건립된 일본의 가장 오래된 목조탑이다. 양자 간에 조성시기와 구조적인 조영수법의 차이가 있긴 하다. 그러나 두 탑의 공통점이 다분하다. 5층 목조건축이라는 점과 탑의 기능, 그리고 내부에 석가 생애를 함축적으로 묘사한 팔상八相의 조형이 안치되었다는 점이다. 또한 법주사 팔상전은 왜란 후에 재건되었지만 이미 신라시대부터 존재했었다는 점에서 법륭사 오중탑과 시대 차이의 갭이 매워질 수 있다. 이런 점들이 법주사 팔상전을 볼 때마다 백제 장인의 우수한 건축술이 녹아든 호류지의 오중목탑이 오버랩 되는 이유이다.

그런데 호류지의 오중탑에는 없는 것이 팔상전에는 있다. 그것이 곧 단청이다. 팔상전 건립 후 세 번의 대수리를 거치면서 외부의 문채文彩는 개칠되었지만, 내부에는 조선중기 고단청의 문채들이 남아있다. 일부 부재는 보수공사 시에 교체되어 개칠된 흔적이 보인다. 그러나 외부로부터 빛이 거의 차단되는 내부 2~3층의 깊숙한 곳에는 창의성이 다분한 문채들이 많이 남아있다. 특히 천장 반자에 빼곡히 채색된 만다라꽃과 사천호룡도四天護龍圖, 석류머리초와 여의주머리초 등은 한국단청역사에서 그 유래를 찾을 수 없는 희귀한 문양들이다.

법주사 오층목탑(팔상전)과 비견되는 또 하나의 사례가 일본 교토 도지東寺의 오중목탑이다. 이 탑은 에도 막부의 3대 쇼군 도쿠가와 이에미쓰의 지시로 1644년 재건되었다. 일본의 목조탑 중 가장 큰 높이로서 역시 세계문화유산으로 지정되어 오늘날 교토의 상징으로 회자되는 탑이다. 그런데 이 탑의 내부에는 당시의 단청채색이 남아있다. 두 탑이 모두 유네스코 세계유산으로 지정되었다는 점은 차지하고라도, 오층목탑이라는 점, 17세기 전반에 건립되었다는 점, 단청이 채색되었다는 점 등 두 탑의 공통점이 다분하다.

현재 도지東寺의 오중탑은 내부 단청채색을 보호한다는 명분하에 매년 봄

법주사 팔상전 전경

일본 나라 호류지 오층탑

일본 나라 호류지 오층탑 내부 석가열반상

과 가을의 제한된 기간에만 일반에 공개하고 있다. 사찰의 관람료와는 별도로 오중탑의 특별 관람료를 받는 것은 물론이다. 그런데 내부 사진을 찍을 수 없는 것은 물론이고, 심지어 스케치까지도 불가하다. 유물이 손상되지 않도록 플래시 없이도 사진을 찍을 수 있는 오늘날 지구촌 대부분의 박물관에서는 노 플래시 촬영을 허용하고 있다. 관람객에게 최대한의 편의를 제공하려는 서비스 정신의 일환인 것이다. 그럼에도 불구하고 도지東寺의 오중탑은 비싼 관람료를 지불하고 입장한 관람객에게 촬영은 고사하고 스케치조차 허용하지 않는다. 이것은 문화재를 보호한다는 명분을 넘어서 종교의 신성함을 얄팍한 상술로 포장한 것이라 지적하지 않을 수 없다. 그러나 법주사 팔상전은 별도의 관람료도 없이 연중 내내 개방되고 있다. 법주사를 찾은 사람이면 누구나 무료로 자유롭게 팔상전의 내부를 관람할 수 있는 것이다.

주지한 바와 같이 법주사 팔상전의 내부에는 오랜 세월을 지켜낸 창의적인 단청문양들이 많이 남아있다. 세 번의 대수리를 거치면서도 유실되지 않고 오늘에 전해짐은 매우 다행스러운 일이다. 그러나 이런 단청들은 채색의 퇴락도 심할뿐더러 관람자로부터 유리되어 있다. 관람객이 육안으로 살필 수 없는 내부 2~3층의 어둡고 깊숙한 곳에 자리하고 있기 때문이다. 숭고한 전통의 예술혼이 담긴 전통단청의 길상들을 관람객이 접할 수 없다는 것은 매우 안타까운 일이다. 사실 이러한 길상채색들이 팔상전 내부에 남아있다는 사실을 아는 사람은 극소수에 지나지 않는다.

그런데 팔상전의 단청은 몇 차례의 개칠수리를 거치면서 많은 문제점이 파생되었다. 수리 시에 교체된 부재에 개칠된 고색단청은 오히려 고단청의 수려한 예술성을 훼손하는 결과를 가져왔다. 이러한 현상은 비단 팔상전 단청보수의 결과에서만 나타나는 것은 아니다. 대한민국의 문화재정책 수립이후 전통단청의 거의 모든 개칠보수에서 발생된 문제점이라 아니할 수 없다. 부식된 목부재를 대신하여 교체된 신부재에 고단청과 유사한 고색으로 채색하는 고색부분단청기법이 제대로 수행되지 않았기 때문이다. 이것은 전통건축의 보수 시에 고단청채색의 보존이나 개칠을 소홀히 한 데에 원인이 있는 것이다. 전통단청의 고격한 예술성을 훼손하는 일이 더 이상 일어나지 않기를 소망한다.

이 책에서는 법주사 팔상전에 채색된 단청문양의 전모를 파악하고자 한다. 우리의 전통문화유산을 사랑하고 그 예술혼을 오롯이 지키려는 이들에

일본 교토 도지[東寺] 오층탑

게 조그만 도움이 되고자함이다. 나아가 세계문화유산 법주사 팔상전의 드러나지 않은 진면목을 알리기 위함이다. 이 책은 문화재청의 발주로 2013년 필자가 팔상전의 단청을 조사하고, 문양모사를 수행했던 내용을 바탕으로 기술한 것이다. 이 책이 한국전통단청을 사랑하고, 팔상전 고단청의 진면목을 기리고자 노력하는 이들에게 밀알이 되기를 기대하면서 서문을 맺는다.

기해년 봄날 대곡리 연구실에서
지은이 삼가 쓰다

법주사 팔상전 전경

법주사의 새벽을 여는 온화의 빛

법주사 팔상전의 일출

법주사 팔상전 주변전경

법주사 팔상전 주변전경

법주사 팔상전과 범종각

법주사 팔상전과 범종각

법주사 팔상전과 사물각

법주사 팔상전, 청동미륵대불

법주사 팔상전, 청동미륵대불

법주사 팔상전 북서측 전경

법주사 팔상전과 동북측 주변전경

법주사 팔상전과 범종각 주변 전경

법주사 팔상전 남동측 전경

법주사 팔상전 동측 전경

법주사 팔상전, 법종각 북측 전경

법주사 팔상전 남서측 전면

법주사 팔상전 동북측 전경

법주사 팔상전 남동측 전경

법주사 팔상전 남동측 전경

법주사 팔상전 동북측 전경

법주사 팔상전 남동측면

법주사 팔상전 옥개

일출을 맞는 법주사 팔상전

법주사 팔상전의 새벽 옥개

법주사 팔상전 남동측면

법주사 팔상전 상부 옥개 일출

법주사 팔상전 상부 옥개

법주사 팔상전의 새벽

법주사 팔상전 동측 옥개

법주사 팔상전의 새벽

법주사 팔상전 남서측 전면

법주사 팔상전의 새벽 옥개

법주사 팔상전 남동측 옥개

법주사 팔상전 동측 옥개

법주사 팔상전 전면

법주사 팔상전 전면

법주사 팔상전 동북측 최상층 부분

법주사 팔상전 동북측 상부

법주사 팔상전 동측면

법주사 팔상전 동측면 옥개

법주사 팔상전 동측2층 귓처마

법주사 팔상전 5층 귓처마

법주사 팔상전 4층 귓처마

법주사 팔상전 3층 귓처마

법주사 팔상전 2층 귓처마

법주사 팔상전 2층 귓처마

법주사 팔상전 동북측 2층 귓처마

법주사 팔상전 북서측 2층 인비인조각

법주사 팔상전 동북측 2층 인비인조각

법주사 팔상전 남동측 2층 인비인조각

법주사 팔상전 1층 귓처마

법주사 팔상전 북동측 1층 처마

법주사 팔상전 북동측 1층 처마

법주사 팔상전 북동측 1층 처마

법주사 팔상전 목동축 1층 처마

법주사 팔상전 외부 1층 어간

팔상전 외부 1층 어간

팔상전 외부 1층 귀공포

팔상전 외부 1층 퇴칸

팔상전 외부 연목

팔상전 외부 1층 귀공포 용문양

팔상전 외부 1층 귀공포 용문양

팔상전 외부 1층 귀공포 용문양

팔상전 외부 1층 퇴칸 제공초각

팔상전 외부 1층 어간 제공초각

팔상전 외부 1층 도리머리초

팔상전 외부 1층 귀면화반

팔상전 외부 1층 귀면화반

팔상전 외부 1층 화반

팔상전 외부 1층 창방머리초

팔상전 외부 1층 주의초

팔상전 외부2층

팔상전 외부2층 귓처마

팔상전 외부2층 연목머리초

팔상전 외부2층 귀공포

단청, 세계문화유산 법주사 팔상전

필상진 외부2층 귀공포

팔상전 외부2층 귀공포

팔상전 외부2층 귀공포

팔상전 외부2층 추녀받침 인비인조각

팔상전 외부2층 추녀받침 인비인조각

팔상전 외부2층 추녀받침 인비인조각

팔상전 외부2층 추녀받침 인비인조각

팔상전 외부2층 귀공포 부분

팔상전 외부2층 추녀받침 인비인조각

팔상전 외부2층 추녀받침 인비인조각

팔상전 외부2층 추녀받침 인비인조각

팔상전 외부2층 귀공포 부분

팔상전 외부2층 퇴칸 도리머리초

팔상전 외부2층 어간 창방머리초

팔상전 외부 3층3

팔상전 외부 3층2

팔상전 외부 3층 귀공포1

팔상전 외부 3층 귀공포2

팔상전 외부 3층 어간

팔상전 외부 3층 귀공포

팔상전 외부 3층 귀한대 제공초각

팔상전 외부 3층 귓공포 제공초각

팔상전 외부 3층 귓공포 제공초각

팔상전 외부 3층 주심포 제공초각

팔상전 외부 3층 연목머리초

팔상전 외부 3층 연목단

팔상전 외부 3층 도리, 장여머리초

팔상전 외부 3층 첨차

팔상전 외부 3층 창방머리초

팔상전 외부4층 공포부분

팔상전 외부4층 공포부분

팔상전 외부4층 공포부분

팔상전 외부4층 귀공포

팔상전 외부4층 귀한대 제공초각부분

팔상전 외부4층 귀처마부분

팔상전 외부4층 귀공포 제공초각

팔상전 외부4층 주심초 제공초각

팔상전 외부4층 퇴칸

팔상전 외부4층 어간

팔상전 외부4층 연목머리초

팔상전 외부4층 연목단

팔상전 외부4층 도리, 장여머리초

팔상전 외부4층 도리단

팔상전 외부4층 창방머리초

팔상전 외부5층 공포

팔상전 외부5층 공포

팔상전 외부5층 공포

팔상전 외부5층 공포 전면

팔상전 외부5층 귀공포

팔상전 외부5층 도리장여 석류머리초

팔상전 외부5층 평빙단

팔상전 외부5층 주두

팔상전 외부5층 창방, 평방머리초

길상채색의 비고(祕庫), 법주사 팔상전 단청

1. 개설, 팔상전의 건축과 단청채색

세계문화유산 법주사의 팔상전은 현전하는 우리나라의 목조건축 가운데 가장 높은 층수의 건축물이며 하나뿐인 목조탑이라는 점에서 중요한 의미를 갖는다. 그러나 그 내부에 수백 년 동안 장엄의 상징성을 굳건히 지켜온 길상채색이 많이 남아 있다는 사실을 아는 이는 극히 드물다.

팔상전은 한국에서 현존하는 유일한 5층 목탑구조의 전통건축이다. 팔상전은 정유재란 시에 전화戰禍로 소실되었다. 그 후 1605년(선조 38)부터 복원공사가 시작되어 1624년(인조 4)에 완공된 것으로 전한다. 그 후 3번의 대수리를 거쳐 오늘에 이른다. 팔상전은 법주사의 1탑1금당구조의 가람배치에서 탑의 기능을 하고 있다. 내부에는 석가여래의 일생을 8폭으로 도해한 팔상도와 불상들이 봉안되고 있다. 내부에 배례를 할 수 있는 목조건축의 공간구조 때문에 '팔상전捌相殿'이라 부르지만 엄연히 목조탑인 것이다.

팔상전은 중국이나 일본의 고층목탑양식에서는 볼 수 없는 독창적인 구조로 조영되었다. 건축의 외형은 비교적 낮게 조성된 기단과 1층부터 상부로 올라갈수록 반간씩 줄어드는 안정된 구조이다. 기단의 사방 중심에는 돌계

그림 1. 법주사 팔상전 전경

단이 설치되었고, 1층과 2층은 5칸, 3·4층은 3칸, 5층은 2칸으로 구성되었다. 1층부터 4층까지는 주심포 양식이고, 5층은 평방과 주간포가 설치된 다포양식이다. 이것은 건축의 역학구조를 감안하여 고안된 것으로 판단된다.

　최상층의 지붕은 사모지붕이며, 정상에는 탑의 상륜부가 설치되었다. 건물 내부 중심 어간 사방에는 이른바 '사천주四天柱'라 불리는 높은 기둥과 벽이 설치되었다. 사방 벽면 앞에 불단이 마련되었고 그 위에 팔상도와 여래불상이 봉안되었다. 사방불단을 중심으로 사면에 예배공간이 조성되어 내부에서도 탑돌이가 가능한 점이 특징이다.

　팔상전은 분명히 탑이지만 목조건축이기 때문에 단청이 채색되었다. 건립 후 세 번의 대수리를 거치면서 외부의 문채文彩는 개칠되고 변화되었다. 일부

부재에는 보수공사 시에 교체되어 고색으로 개칠된 흔적이 역연하다. 그러나 볕이 들지 않는 내부 깊숙한 곳곳에는 조선시대의 소중한 고단청의 문채들이 남아있다.

외부로부터 빛이 거의 차단되는 내부 2~3층은 단청채색의 보존에 좋은 환경이 될 수 있다. 따라서 팔상전 내부 깊숙한 곳에는 오늘날의 단청문양에서는 볼 수 없는 독창적인 특색의 문채들이 많이 남아있다. 천장 반자에 빼곡히 채색된 만다라꽃과 사천호룡도四天護龍圖는 불전장엄의 서원을 세운 옛 화사畫師의 기획의도를 엿볼 수 있는 수려한 길상채색이다. 또한 오로지 석류열매 하나만을 주문양으로 장식한 석류머리초는 한국단청머리초의 뿌리를 파악할 수 있는 소중한 자료이다. 이밖에도 4개의 여의주로 주문양을 구성한 머리초에서도 창의성과 더불어 그 속에 담긴 염원의 의미를 엿볼 수 있다. 이러한 단청문채들은 오랜 세월을 오롯이 지켜낸 팔상전의 소중한 길상채색들이다.

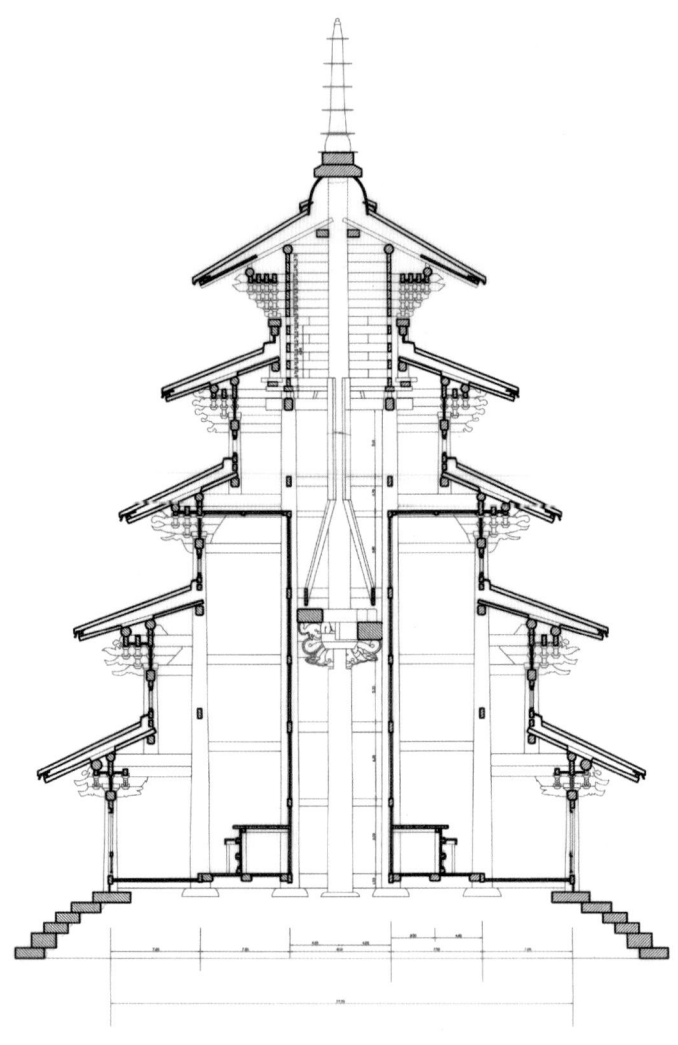

그림2. 법주사 팔상전 종단면도

2. 연혁, 팔상전의 건립과 단청

정유재란 시 왜군의 방화로 당시 충청도지방의 승병 거점이었던 법주사는 많은 당우가 소실되는 불운을 맞았다. 그 후 1602년(선조 35)에 팔상전의 재건이 시작되었고, 1605년(선조 38)에 심주를 세웠다. 이어 1626년(인조 4)에는 팔상전의 2차 중건 공역을 시작하여 상량했다는 기록이 전한다.[1] 그러나 팔상전의 재건이 완료된 최종시기에 대해서는 명확한 내용이 전하지 않는다.[2]

팔상전 중건 후 약 140년이 지난 1765년(영조 41)에 영조의 후궁 영빈 이씨의 시주로 정유재란 이후 재건된 당우가 중수되었다.[3] 건물의 훼손이 심하게 발생되었을 정도의 기간이 흘렀으며, 외부단청은 문채의 심한 퇴락현상이 필연적이었으리라 생각된다. 따라서 당시에 팔상전의 수리와 함께 전면 또는 부분적으로 단청개칠이 시행되었음을 추정할 수 있다.

이후 1895년(고종 32)에 팔상전의 또 다른 중수기록이 전한다.[4] 1765년 중수 이후 130년간 세월이 흐른 후의 일이다. 역시 보수의 필요성이 필연적일 만큼의 세월이 지났으며, 보수와 더불어 당시에도 단청의 개칠이 시행되었

---

1) 「俗離山大法住寺大雄大光明殿佛像記」,『한글대장경』164, 동국역경원, 1978, 417~419쪽
2) 팔상전의 중건시기에 대해 다양한 견해가 있다. 심주가 세워진 1605년의 기록을 바탕으로 당시는 팔상전의 완전한 준공시기로 볼 수 없으며, 1626년에 상량했다는 기록에 의거하여 팔상전의 완전한 중건은 적어도 그 이후임을 알 수 있다.
3) 「暎嬪房手本」,『寺誌』, 241~242쪽, 영빈 이씨는 영조의 후궁이며 사도세자의 생모이다. 사망했을 때 영조는 후궁 제일의 의식으로 장례지내고 義烈의 시호를 내릴 때 의식을 친히 집행하였다.
4)『법주사 팔상전 수리공사보고서』, 문화재청, 1998, 57쪽

음을 추정할 수 있다. 이것은 그로부터 얼마 지나지 않은 일제 강점기 초기에 촬영된 팔상전의 단청상태가 매우 양호함을 보이고 있다는 점에서도 쉽게 판단이 가는 일이다.

광복 이후 1968~1969년에 팔상전에 대한 대대적인 수리공사가 시행되었다. 건물 전체가 해체되었으며, 부식된 목부재를 교체했고, 외부의 단청을 전면 개칠하는 대보수공사였다. 내부의 교체된 부재에는 고색의 부분단청이 채색되었다. 이후 1995년에는 팔상전의 번와보수가 시행되었는데, 당시 1층 서까래 일부가 교체되었고, 부분단청으로 개칠되었던 것으로 확인된다.[5]

팔상전의 재건부터 현재에 이르기까지 중수와 단청에 관한 연혁을 정리하면 다음과 같다.[6]

- 1597년, 선조 30, 정유재란 시 법주사 당우 소실
- 1602년, 선조 35, 팔상전 재건시작,
- 1605년, 선조 38, 팔상전 심주 설치
- 1626~1630년, 인조 4~8, 팔상전 2차 중건(현 팔상전 최초단청)
- 1765년, 영조 41, 사찰 중수(팔상전 단청 부분개칠 추정)
- 1895년, 고종 32, 팔상전과 극락전 중수(팔상전 외부단청개칠 추정)
- 1968년, 팔상전 전면해체수리 시작

---

5) 보수기록에는 누락되었지만 필자가 전수 조사한 결과 당시 단청을 시공한 단청장 '이재수'의 증언을 바탕으로 확인할 수 있었다.
6) 『법주사 팔상전 수리공사보고서』, 문화재청, 1998, 57~58쪽

그림3. 일제강점기의 팔상전 전경(조선고적도보)

- 1969년, 외부전면 단청 개칠, 내부 교체부재 고색단청
- 1995년, 팔상전과 대웅보전 번와보수, 연목 일부교체부재 고색단청
- 2009년, 팔상전 계단 해체보수 및 주변정비
- 2013년, 팔상전 상륜부·5층옥개부 해체수리
- 2013년, 팔상전 단청기록화 조사

3. 추론, 팔상전의 대수리와 단청

1) 최초 단청채색

왜란 후 17세기 초에 팔상전이 중건되었다. 주지된 바와 같이 1602년(선조 35)에 팔상전의 새건이 시작되었고, 1605년(신조 38)에 심주를 세웠으며, 이어 1626년(인조 4)에는 팔상전의 2차 중건 공역을 시작하여 상량했다는 기록이 전한다. 이를 바탕으로 현전하는 팔상전은 1626~1630년 사이에 중건이 완료되었을 것으로 보는 견해가 일반적이다.

그런데 단청은 건축의 최종단계에서 시공된다. 즉 단청이 끝나면 건축의 건립이 마무리됨을 의미하는 것이다. 따라서 팔상전의 최초 단청채색은 1626년에서 1630년 사이에 시공되었을 것으로 판단할 수 있다. 17세기 초, 오랜 전쟁이 끝난 후 한양궁궐의 재건과 더불어 법주사 팔상전의 재건은 국가적 대업의 일환이었음을 추정할 수 있다.

2) 1차 대수리 大修理

팔상전 재건 후 약 140년이 지난 1765년(영조 41)에 법주사의 당우에 대한 수리와 더불어 신 건물의 건립이 있었다. 당시 쇠락한 사찰 당우의 보수와 불사의 대시주는 영빈暎嬪 이씨였다. 영빈은 영조의 후궁이자 사도세자의 생모이다. 당시 법주사에는 영빈 이씨의 원당이 설치되었다. 『사지寺誌』에 기록된 「영빈방수본暎嬪房手本」의 내용에는 당시 중수된 법주사 당우에 대한 구체적인 내용은 전하지 않는다. 그러나 영빈의 원당이 설치된 법주사에 대한 영조의 관심과 정성이 매우 지극했던 상황을 파악할 수 있다.

1763년에 임종을 눈앞에 둔 영빈 이씨를 위해 법주사에 원당願堂이 설치되었고,7 1년 후(1764년) 영빈이 세상을 떠났다.8 사중에는 현재 남아있는 조사각이 당시 원당으로 지은 건물이라고 전한다. 그런데 「영빈방수본」의 중수기록은 영빈의 사망 1년 후(1765년)에 작성된 기록이다. 이것은 당시 망자인 시주자의 배후에 대하여 재고의 필요성이 다분함을 시사해준다. 즉 영빈의 사망 1년 후에 망자의 이름으로 수본手本이 기록되었다는 점은 그 배후에 큰 권력의 조력자가 있었음을 파악할 수 있는 대목이다.

당시 영빈은 아들 사도세자가 이미 승하했지만 세손이었던 정조의 친할머니라는 막강한 배후권력을 업고 있었다. 1764년 사도세자와 5명의 옹주를 낳은 영빈이 사망하자 영조는 후궁 제일의 의식으로 장례를 치렀다. 영조는 의열義烈의 시호를 내릴 때 의식을 친히 집행했을 만큼 영빈에 대한 총애와 연민이 깊었다. 다음의 『영조실록』 기사에서 영빈에 대한 영조의 깊은 추념의 정이 확연히 드러난다. 영빈 사망 후 장사를 치르기 전 영조는 어린나이에 요절한 손자 의소묘懿昭墓에 거둥했다. 그리고 어가를 돌릴 때에 갑자기 영조는 망자의 상가인 영빈방暎嬪房에 들르겠다고 명했다. 이때 옥당의 관원들이 구대求對하여 말씀을 드리니, 임금이 노하여 말하기를, "영빈을 어찌 다른 후궁과 똑같이 볼 수 있겠는가? 차마 이러한 말을 하는 자는 나를 따라올 것이 없다."하고, 이어서 그의 상차喪次에 들렀다가 밤이 되어서야 궁으로 돌아왔다.9

---

7) 「報恩郡俗離山大法住寺之來歷」, 『朝鮮寺刹史料』, 127~128쪽
8) 『영조실록』 104卷, 40年(1764 甲申) 1번째 기사, "영빈 이씨가 연서하다"
9) 『영조실록』 104卷, 40年(1764 甲申) 8月 30日(己酉) 1번째 기사, 己酉/上駕臨懿昭墓。回鑾時 遽命歷臨暎嬪房, 時暎嬪卒而未及葬也。玉堂官元義孫 徐命善等, 求對以爲言, 上怒曰: "暎嬪豈可與他後庭一視? 忍爲此言者, 不必隨駕也。" 仍臨其喪, 侵夜還宮。

그러한 연유로 영빈의 원당이 설치되었던 법주사는 영조에게 특히 남다른 의미가 깊었던 사찰이었음이 분명하다. 그러나 당시 숭유배불시대에 국왕이 내놓고 불교사찰의 불사에 조력할 수 없었음은 당연한 일이다. 따라서 왕실에서는 영빈의 사망 1년 전에 법주사에 원당을 세운 것으로 시작해서, 당우의 보수와 건물신축을 적극 지원했을 가능성이 크다. 이러한 정황을 근거로 당시 법주사의 보수와 불사는 영조와 세손 정조가 배후가 되는 왕실의 의지가 강하게 반영되어 시행되었던 영건사업이었음을 추정할 수 있는 것이다.

1765년의 「영빈방수본暎嬪房手本」의 기록은 이미 불사가 마무리된 해이며, 적어도 원당이 설치된 1763년부터는 사찰의 본격적인 보수와 신건축의 불사가 시작되었을 것으로 추정할 수 있다.

이와 더불어 팔상전의 보수와 단청개칠 역시 당시에 시행되었을 가능성이 다분하다. 재건 후 약 130년이 지났다는 것은 건물보수의 필요성이 심각하게 발생되었음을 의미한다. 특히 외부단청은 단청의 문채가 거의 없어질 정도로 퇴락이 필연적일 수 있다. 팔상전은 법주사에서 대웅전과 더불어 핵심적인 건축물이다. 당시 쇠락했던 법주사의 많은 당우를 보수하고, 새 건물을 신축하면서 사찰의 중심이 되는 팔상전의 보수를 제외했을 리는 만무하다. 이러한 상황적 추이를 근거로 당시에 팔상전의 수리와 함께 단청개칠이 시행되었음을 추정할 수 있는 것이다.

3) 2차 대수리 大修理

이후 1895년(고종 32)에 팔상전이 다시 중수되었다.[10] 1765년 중수 이후 또 다시 130여년의 긴 세월이 흐른 후였다. 역시 건물의 곳곳에서 보수의 필요성이 다분히 발생되었을 만큼 필연적인 훼손을 피할 수 없었을 것이다. 그런데 당시 팔상전의 보수기록에는 단청개칠의 내용이 확인되지 않는다. 그러나 당시에 단청개칠이 있었음을 확인할 수 있는 자료가 전해진다.

『조선고적도보』에는 일제강점기에 촬영된 팔상전의 흑백사진 몇 장이 수록되었다.[11] 비록 흑백이지만 단청문채의 선명함이 확연히 드러난다. 문채의 형상과 선묘의 윤곽이 매우 뚜렷하게 나타나는 것으로 보아 시공 후 오래되지 않은 단청상태임을 알 수 있다. 즉, 단청의 시공으로부터 최대 20년 이상은 지나지 않았을 만큼의 양호한 상태인 것이다. 따라서 일제강점기에 촬영된 팔상전의 외부단청에 대한 시공시기를 추정한다면 건물이 보수되었던 1895년의 보수 시기가 합당한 것으로 사료된다.

4) 3차 대수리 大修理와 단청문양의 변화

광복 후 1968년 5월부터 그 이듬해 12월까지 팔상전에 대한 전면해체수리가 시행되었다. 1895년 팔상전 중수 후 약 70여년이 흐른 후의 일이다. 1998년에 출간된 수리보고서에는 수리 당시 팔상전 단청에 대한 소략된 내용이 기술되고 있다. 1968년 수리 시의 팔상전 단청상태를 기록한 보고서의 내용을 간추리면 다음과 같다.

---

10) 『법주사 팔상전 수리공사보고서』, 문화재청, 1998, 57쪽
11) 『조선고적도보』 12권, 「조선시대 불사건축」, 1734~1737쪽

- 팔상전의 단청은 수리 전 내·외부 모두 퇴락 직전의 상태이다.
- 내부는 심한 그을음으로 인해 색상을 알아보기 힘든 상태이다.
- 주두·소로·장여 등의 부재들에서 세 종류의 문양이 혼용되어 나타나는 것으로 보아 건물 건립 후 최소 3회 이상의 단청이 개채된 것으로 추정된다.
- 외부단청은 비교적 문채상태가 양호하나 원래의 것이 아니라 중수 시에 개채된 것이다.
- 내·외부 단청양식이 시간 차이를 보이는바 외부의 것이 내부보다 후대의 것으로 보인다.[12]

이상의 내용에서 1968년 팔상전 대수리 시 내부에는 그을음과 퇴색이 심한 고단청이 남아 있었음을 알 수 있다. 오랜 세월동안 사용된 호롱불과 촛불의 그을음이 원인으로 판단된다. 또한 외부는 내부에 비하여 후대의 단청양식이 보다 양호한 상태로 남아 있었던 것으로 파악된다. 따라서 현재의 외부단청은 내부에 남아 있는 고단청의 문채를 모사하여 1969년에 전면 개칠된 것임을 알 수 있다.

---

12) 김병호, 「팔상전의 단청」, 『법주사 팔상전 수리공사보고서』, 문화재청, 1998, 139쪽

4. 창의성의 비고祕庫, 팔상전 단청의 길상들

1) 팔상전 단청문채 개설

현전하는 팔상전의 외부단청은 1969년 대수리 시에 전면 개칠된 것이다. 내부 1층의 단청문채 역시 당시 수리 시에 상당 수 신재로 교체되어 고색단청으로 개칠된 흔적을 살필 수 있다. 그러나 내부의 상층에는 고색창연한 옛 단청의 문채가 많이 남아있다.

팔상전은 외형상 5층 구조이지만 내부는 3층 구조로 되어있다. 팔상전의 외부단청은 주요부재에 머리초만을 장식하는 모로단청양식이다. 그러나 내부 2~3층에 남아있는 고단청은 다양한 소재의 머리초·별화·벽화가 조화롭게 장식되어 조선 중기 불전단청의 화사한 특성을 보여준다.

내부 2~3층의 창방·퇴량·도리·장여·충방 등의 부재에 채색된 단청양식은 부재의 양단에 머리초를 배치하고 중심부에 별화를 장식하는 조선중기의 전형양식이다. 머리초는 주문양의 단출한 구성으로 시대적 특성이 역연하다. 별화는 서수·축생·여의주·거북·화조·구름·수목 등의 다양한 소재가 채색되었다. 오랜 세월의 퇴색은 어쩔 수 없지만 다양한 길상소재들이 장식되었다는 점에서 불전단청예술을 고격을 느끼기에 부족함이 없다.[13]

---

13) 18세기 이후 사찰단청에서 유행되었던 양식이 곧 '별화모로단청양식'이다. 즉 금문을 장식하지 않고 머리초와 별화 만을 채화한 양식을 말한다. 이러한 양식은 금산사 미륵전을 비롯하여 전국에 많은 사례가 전해진다. 현재 문화재청에서는 이러한 양식을 '금모로양식'으로 분류하고 있는바, 이것은 시급히 재고되어야 할 사안이다. 왜냐하면 금문양과 별화는 엄연히 다른 것이며, 채화의 난이도 또한 별화가 금문양보다 고도의 숙련된 솜씨가 요구되는 소재이기 때문이다.

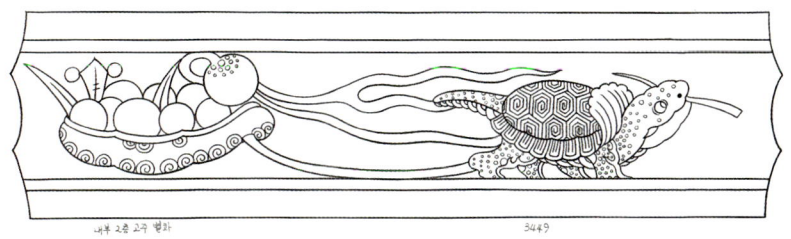

그림4. 팔상전 내부 2층 고주인방 별화 모사도 - 거북도

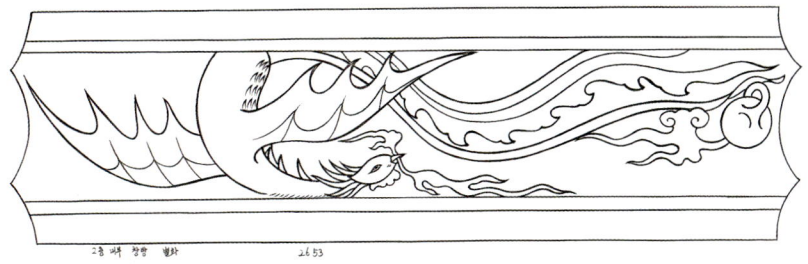

그림5. 팔상전 내부 2층 창방 별화 모사도 - 서조도

내부 3층 천장 반자에는 꽃과 덩굴로 구성된 만다라꽃과 사천호룡도四天護龍圖가 치밀하게 채화되었다. 이것들은 팔상전 단청예술의 정수를 보여주는 문양들이다. 수미산의 하늘에서 내리는 꽃비를 상징하는 듯이 장식된 천장의 만다라꽃 단청은 불전을 찾는 모든 이들의 축복을 위해 길상의 꽃비를 흠뻑 내리는 의미를 담은 것이다.

사천주四天柱 사이를 가로막은 사방 벽면에 접한 내부 3층 천장반자 4면의 청판에는 기운생동의 운룡도雲龍圖가 그려졌다. 이 그림을 그렸던 당시 무명 화가의 품격 높은 예술의 경지를 한껏 느낄 수 있는 작품이다. 이것은 수미산의 사천을 외호하는 사천왕의 기운을 받아 사천호지四天護持를 서원한 사천

그림 6. 팔상전 내부 고단청현황

호법룡四天護法龍을 표현한 것으로 사료된다.

내부 3층 사방에 설치된 12면의 각 포벽에는 여래불의 흉상이 채화된 벽화가 전해진다. 오색구름 사이로 드러낸 여래불은 상반신과 수인手印만이 묘사된 모습이다. 마치 창밖의 부처님이 불전 안을 들여다보는 듯 인상을 자아내는 구도이다. 능숙한 솜씨의 달필채색이 양호하게 보존된 불벽화는 조선시대 불전벽화의 단아한 채색기법의 경지를 여실히 보여주는 작품이다.

이밖에도 주목되는 문양으로는 내부 중앙 어간에 설치된 사천주四天柱의 용그림이다. 심한 퇴색으로 인하여 육안으로 용의 형상을 살피기가 쉽지 않다. 그러나 우뚝 솟은 기둥을 휘감아 오르듯 채색된 용문양의 동세를 파악할 수 있다. 사천주의 최정상에는 붉은 비단색깔의 주의초가 채색된 흔적이 남아있다.

　이상으로 현재 팔상전의 단청양식은 외부와 내부의 등급이 다름을 알 수 있다. 팔상전의 외부단청은 주요부재에 머리초만을 장식하는 모로단청양식이다. 그러나 내부 2~3층에 남아있는 고단청은 머리초·별화·벽화가 조화롭게 채색된 17세기 이후 불전단청양식의 전형적 특성을 보여준다.

2) 창의성의 발현, 머리초 구성

　팔상전 고단청의 문채가운데 시대양식특성이 가장 두드러지는 요소는 머리초이다. 팔상전 내부에 채색된 머리초의 종류는 연화머리초·녹화머리초·석류머리초·여의주머리초 등이다. 이 중 석류머리초와 여의주머리초는 한국단청역사상에서 유래 없는 창의적인 문채 구성을 보여준다.

■ 팔상전 연화머리초 양식특성

　팔상전 1층 내·외부의 창방·도리·퇴량 등에 채색된 연화머리초는 팔상전 단청머리초 장식의 핵심문양이라 할 수 있다. 이들 연화머리초는 대체로 단출한 구성에서 17세기의 고졸한 양식특성을 보여준다.

　1층의 창방머리초는 연화병머리초 형식으로 구성되었다. 온바탕의 주문양은 연화·석류·항아리·곱팽이 등으로 조합되었고, 반바탕에는 녹화와 곱팽이가 결합된 간소한 형태이다. 2개의 늘휘가 부가되었으며 반바탕을 연결하는 질림이 추가되었을 뿐 전체적으로 단출한 구성미를 보여준다. 1층 도리장여머리초는 창방머리초와 유사한 구성을 보여준다. 다만 온바탕 주문양의 구성에서 석류가 생략된 점과 늘휘 한 개만 부가된 것이 다른 점이다. 1층 내부의 퇴량머리초 역시 유사한 구성의 연화병머리초 양식이다. 다만 반

그림7. 법주사 팔상전 내·외부1층 창방머리초 모사도

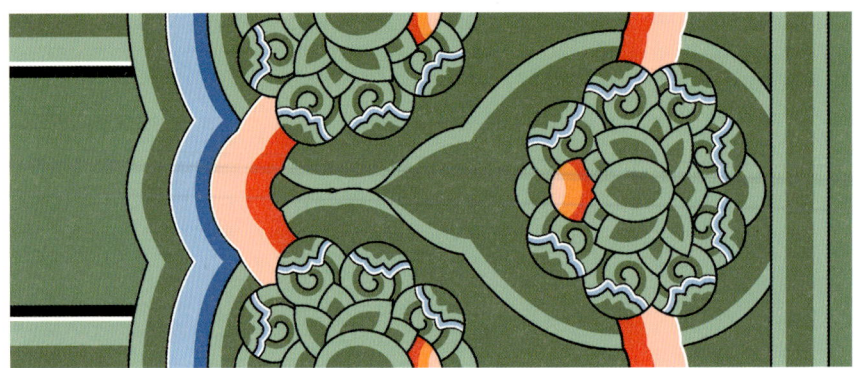

그림8. 법주사 팔상전 내부1층 도리머리초 모사도

그림9. 법주사 팔상전 내부1층 퇴량머리초 모사도

그림10. 법주사 팔상전 내부2층 장여머리초 모사도

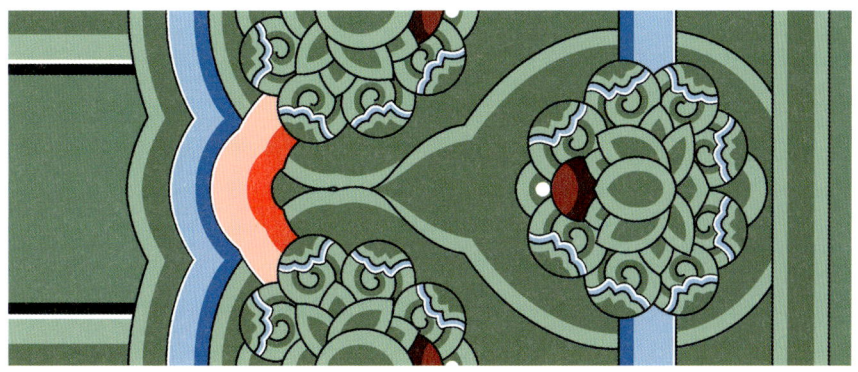

그림11. 법주사 팔상전 외부1층 도리장여머리초 모사도

바탕에는 온바탕 주문양의 절반형태가 그대로 적용되었다. 결련금의 직휘가 추가된 점이 창방머리초와 다른 요소이다.

  팔상전 단청의 연화머리초는 조선중기의 고졸한 양식특성의 구성을 다분히 보여준다. 총 5종의 연화머리초의 구성은 연화·곰팽이·석류가 주문양으로 결합된 병머리초형식이다. 본격적인 휘가 나타나기 이전의 형태이며,

주문양의 꽃받침과 황실도 보이지 않는다. 그러나 질림이 추가되었다는 점은 17세기 이전의 양식에서 다소 진일보된 요소로 판단된다. 또한 반바탕과 온바탕의 경계에 나타나는 녹실의 반전 형태와 질림의 연결 등 유기적 결합 요소들 나타나고 있는 점도 그러한 관점을 뒷받침하는 근거가 될 수 있다. 따라서 팔상전에 장식된 연화머리초는 한국단청양식의 구분에서 제2기에 해당되는 조선중기(17~18세기 전반)의 전형양식으로 보아도 큰 무리가 없을 것으로 판단된다.

■ **다산과 육아양육의 상징, 석류머리초**

팔상전 내부에 장식된 석류머리초는 창의성과 상징성에서 유래 없는 문양으로 크게 주목된다. 내부 2층 도리에 장식된 석류머리초는 좁은 폭을 반영하여 반머리초형식으로 채색되었다. 주문양의 중심에 석류가 배치되었고, 둘레에 간단한 초엽과 곱팽이가 부가된 형태이다. 그 외 다른 요소가 추가되지 않아 매우 단출한 구성미가 특징이다. 외부 2층 이상의 도리에 채색된 석류머리초는 1968년 대수리 시 바로 이것을 모사해서 복원된 것으로 파악된다.

석류가 머리초의 중심에 단독으로 배치된 사례는 이것이 한국단청에서 유일무이하다. 이것은 한국단청의 핵심문양인 연화머리초가 석류꽃에서 파생되었다는 가설을 확인시켜주는 중요한 단초가 될 수 있다.[14] 일본 교토 동사 東寺의 오중탑 내부에도 석류문양의 단청채색이 전해진다. 유사한 시기에 건립된 한국과 일본의 세계문화유산 오층탑의 내부 단청에서 흔치 않는 석류

---

14) 곽동해, 『동악미술사학 제6호』, 「연화머리초의 성립에 대한 고찰」, 동악미술사학회, 2005, 27~30쪽

그림12. 팔상전 내부2층 도리 석류머리초 모사도

그림13. 팔상전 외부2층 어간 도리장여 석류머리초 모사도

의 동일한 소재가 채색되었다는 점은 결코 우연한 일이 아니다.

이것은 당시 민간신앙의 염원을 담은 상징문양으로 이해될 수 있다. 석류는 다산을 상징한다. 그 유래는 중국 당나라 학자 이연수李延壽가 편찬한 『북사北史』「위수전魏收傳」의 내용에서 확인할 수 있다.15) 이미 고대부터 석류는 다산을 염원했던 민간신앙의 상징물로서 여겨졌다.

또한 불교에서는 석류와 연관되어 생명 잉태와 관련된 설화가 전한다. 유

---

15) 李延壽, 『北史』「魏收傳」, … 齊安德王延宗, 納趙郡李祖收女爲妃, 後齊幸李宅晏, 而妃母, 宋氏薦二石榴於帝前, 聞諸人莫知其意, 帝投之, 收曰, "石榴房中多子, 王新婚, 妃母欲其子孫衆多." 帝大喜, 詔收卿還將來 仍贈收美錦二匹.

아를 보호·양육하는 불교의 신으로 귀자모신鬼子母神이 있다. 원래 귀자모신은 성격이 포악하여 다른 사람의 아이를 잡아먹는 악신 야차녀夜叉女였다. 그러나 훗날 석가의 교화를 받고 불교에 귀화하여 유아양육을 서원한 신이 되었다. 그런데 귀자모신은 어린애를 품에 안고 석류를 쥐고 있는 모습으로 묘사되고 있다. 즉 석류는 불교에서 다산과 유아양육을 서원한 귀자모신의 상징물인 것이다. 이와 같이 석류는 불교에서도 생명을 잉태하고 유아양육과 다산의 의미로서 상징되고 있음을 알 수 있다.[16]

법주사 팔상전의 석류머리초 장식은 다산을 염원했던 조선중기의 사회상을 반영하는 것으로 해석할 수 있다. 왜란과 호란 등 조선반도에서 오랜 전쟁이 끝난 후 17세기 전반부터는 평화의 시대가 도래되었다. 많은 사람들이 전쟁으로 희생된 후 다산과 양육은 민간신앙의 가장 큰 소망이자 염원이 되었던 것이다. 다산을 상징하는 석류가 머리초의 중심에 단독으로 배치되었다는 것은 그 염원에 대한 표출이 그만큼 강했다는 것으로 해석할 수 있다. 따라서 법주사 팔상전에 장식된 석류머리초는 당시 사회의 다산신앙을 종교적 표상으로 발현하고자 기획했던 무명 화사畫師의 기발한 발상에서 고안된 독창적인 문양이라 하겠다.

■ 만사형통의 길상, 여의주머리초

팔상전 내부 고단청의 문양가운데 또 하나의 주목되는 것은 2층 충방부재에 장식된 여의주머리초이다. 병머리초 형식으로 구성된 주문양의 중심에 4

---

16) 곽동해, 『한국의 단청』, 학연문화사, 2002, 184~186쪽

그림14. 팔상전 내부2층 충방 여의주머리초 모사도

개의 여의주가 장식되고 있다. 이 역시 석류머리초와 더불어 한국단청 역사상 유일무이한 단청문양이다.

여의주는 모든 일이 막힘없이 잘 풀린다는 의미를 내포한다. 불교에서는 여의주를 가진 자의 모든 원망願望을 성취시켜 준다는 주옥珠玉신앙이 있다. 여의주는 모든 원하는 것을 가져다주며, 병고를 없애 주는 효험의 보배구슬이다. 악을 제거하고 혼탁한 물을 맑게 하며, 재난을 없애는 공덕도 있다. 여의주는 불법佛法이나 불덕佛德에 비유되기 때문에 경전의 공덕을 나타내는 상징으로도 두루 사용된다. 또한 불교의 여의륜관음如意輪觀音 · 마두관음馬頭觀音 · 지장보살地藏菩薩 등이 지니고 있는 것으로서 사람들의 소원을 이루어주는 것으로 여겨지고 있다.[17]

따라서 머리초 중심부분에 여의주 4개만을 장식한 팔상전의 사례는 당시 백성들의 숱한 고난을 해결하고자 소망한 염원의 표상으로 해석할 수 있다. 단순한 구성에도 불구하고 숭고한 의미를 담은 이 문양은 당시 팔상전의 단청을 고안했던 무명 화사畫師의 기발한 창의성에서 발현된 숭고한 표상으로

---

17) 허균,『한국 전통 건축 장식의 비밀』, 보주 내용 참조, 2013

풀이할 수 있다.

그런데 이러한 창의적인 단청문양은 일개 화사의 상상으로만 쉽게 창작될 수 없다. 그 속에 담긴 목적과 의도가 강하게 반영될 때에 가능한 일이다. 따라서 이러한 유일무이의 창의적인 단청문양들이 팔상전에 채색되었다는 점은 당시 팔상전 단청을 가능케 했던 시주자의 발원목적과 의지가 강하게 반영되어 완성된 것이었음을 추정할 수 있다.

3) 천장반자의 만다라꽃과 사천호룡도四天護龍圖

팔상전 내부 3층의 천장에는 고색의 반자단청이 전한다. 천장반자는 사천주로 구획된 중앙 어간을 둘러 총 8칸에 짜여졌다. 반자에 채색된 단청문양은 밑에서 올려다볼 수 있지만 육안으로 확인하기는 쉽지 않다. 채색이 많이 퇴색되었고, 빛이 들지 않는 어두움 때문이다. 반자를 구성하는 청판은 약 30~40% 정도가 수리 시에 교체되어 인위적인 고색으로 개칠된 것으로 파악된다. 그러나 그 외 나머지는 팔상전 초건기의 고색창연한 단청채색이 현재까지 전해진다.

수리 시에 교체된 신부재에 개칠된 고색부분단청은 조악하기 이를 때 없다. 차마 수리되었다고 할 수 없을 정도이며 오히려 원본채색의 고격한 예술성을 훼손하는 결과를 가져왔다.[18] 원래의 단청은 달필의 묵선과 정성스런

---

18) 팔상전 내부 반자의 일부부재는 1968년 팔상전의 대수리 시에 고색단청기법으로 개칠된 것으로 추정된다. 광복 이후 전통단청이 수리된 건축에서 이러한 사례가 다수 파악된다. 이것은 전통단청채색을 보존하는 것이 아니라 오히려 망치는 일이다. 열악한 환경에서도 한국단청예술의 맥을 묵묵히 잇고자 노력했던 옛 화사들의 정신을 부정하는 일이다. 이러한 사태가 다시 재현되지 않도록 우리 모두가 노력해야 한다.

그림15. 팔상전 내부 천장 단청 배치도

채색의 기품이 다분히 엿보이는 수작이다.

■ 수미산 사천호지를 서원한 호법용

사천주四天柱 사이를 가로막은 사방 벽면에 접한 천장반자 4면의 청판에는

길상채색의 비고, 법주사 팔상전 단청 155

그림16. 팔상전 내부천장 남측 어간반자 운룡도

그림17. 팔상전 내부천장 남측 어간반자 운룡도 모사도

불국토의 사방 하늘을 호지하는 의미의 사천호법룡四天護法龍이 채화되었다.

팔상전의 사천호법룡 그림은 당시 화사의 품격 높은 신필의 경지를 엿볼 수 있는 작품이다. 용의 형상은 오색구름 사이에서 역동적인 용틀임의 자세로 허공에 가르며 비상하는 기상이 완연하다.

비록 오랜 세월에 걸쳐 퇴색된 채색은 어쩔 수 없다. 하지만 용틀임의 동세표현과 묵선묘사에서 달필의 경지가 완연하다. 역동적인 용틀임의 자세로 머리를 돌려 허공의 여의주를 향한 용의 기상에서 엄청난 기운이 느껴진다.

팔상전의 사천주는 불국토를 수호하는 사천왕을 내부 중앙에 우뚝 솟은 4개의 거대한 기둥에 비유하여 붙인 이름이다. 사천왕은 수미산의 사방을 외호하는 신들이다. 따라서 천장 사방의 청판에 채화된 네 마리의 용은 곧 수미산의 사방을 외호하는 사천왕을 보좌하여 사천을 호지하는 의미를 담은 것으로 풀이할 수 있다.

■ 불국토에 내리는 우화서, 마하만다라꽃

불전장엄을 위한 단청에서 천장의 꽃문양 채색을 빼놓을 수 없다. 팔상전 내부 3층의 천장반자에는 운룡도雲龍圖을 제외한 모든 청판에 꽃과 덩굴이 가득히 채색되고 있다. 꽃의 소재는 연꽃과 국화가 주류를 이룬다. 평면형의 만개한 꽃들이 대부분이지만 탐스럽게 피어난 측면형의 꽃들도 혼재되었다. 비록 건축의 천장부재에 그린 것이라고는 하나 막힘없는 필치의 운용과 정성이 녹아든 채색의 경지를 느낄 수 있다.

『묘법연화경』,「서품」, 2장에는 다음과 같은 내용이 있다.

"부처님께서 경을 설하여 마친 후 가부좌를 맺고 무령의처 삼매三昧에 드시니 몸과 마음이 동요되지 않았다. 이 때 하늘에서는 만다라꽃, 마하만다라꽃, 만수사꽃, 마하만수사꽃들이 비 오듯이 내리어 부처님과 모든 대중에게 뿌려졌다. 이에 부처님의 넓은 세계는 여섯 가지로 진동하였다."

그림18. 팔상전 내부 천장에 가득 채화된 만다라꽃

　이처럼 부처가 삼매에 들 때 하늘에서 축복의 꽃비가 내린 것을 길상의 꽃비 즉 '우화서雨花瑞'라고 한다. 따라서 불전의 천장에 많은 꽃들을 화사하게 단청하는 것은 곧 우화서의 축복을 불전에 상징적으로 구현하는 것과 같다. 따라서 불전 천장에 가득히 장식된 꽃들은 여래불과 대중의 축복을 위해 하늘이 내리는 정토세계의 꽃인 것이다.
　팔상전 내부 천장에 가득히 그려진 꽃들은 불전을 찾는 모든 이들을 축복하기 위해 길상의 꽃비를 흠뻑 내리는 의미를 담은 것이다.

4) 불국토의 화불, 흉상여래도 벽화
　팔상전 내부 3층 사방 공포부분에는 총 12개의 포벽이 조성되었다. 그리고 각 포벽마다 부처님의 상반신이 묘사된 흉상여래도가 채색되었다. 달필 묵선의 단아한 특징이 두드러지는 불벽화는 흉상의 구도라는 점에서 매우 독특한 감흥을 느낄 수 있다. 비록 불화처럼 섬세한 묘사기법은 아니지만 간결한 운필채색의 특징에서 단아함과 청초함의 기품이 엿보인다.

불벽화의 흉상여래도는 각각 8면과 4면의 도상이 동일한 형상이다. 2종의 도상이 각기 8면과 4면의 포벽에 반복으로 채색된 것이다. 불벽화의 채색은 벽체가 수리된 듯 보이는 한 곳을 제외하고는 비교적 보존상태가 양호하다. 빛이 거의 들지 않는 내부 3층 깊숙한 곳에 채색되었기 때문에 퇴색이 적었던 탓이다.

흉상여래도의 벽화구도는 한국의 벽화는 물론 불화에서조차 그 사례를 찾기 힘들 정도로 희귀한 것이다. 마치 창문 너머에서 부처님이 건물 안을 주시하는 듯한 상상이 발현되는 도상이기 때문이다.

8면에 장식된 여래상의 도상특징은 통견의 법의와 오른손의 수인만이 표현된 형상이다. 상부에는 오색구름이 간결한 필선과 채색으로 부가되었다. 4면에 채색된 여래상은 두 팔을 모은 채 구름 위로 상반신을 드러낸 형상이다. 머리 위에는 나발과 정상계주가 표현되었고, 신체부분은 통견의 법의가 특징이다. 그런데 두 손을 모은 부분의 표현이 생략된 대신 물음표 형태의 구름이 묘사된 것이 특이한 요소이다. 즉, 두 손을 모아서 지을 수 있는 지권인이나 합장인을 대신하여 간소한 형태의 구름이 표현된 것이다.

이것은 수인의 간결한 묘사를 의도한 화가의 착안에서 비롯된 것으로 추정할 수 있다. 그런데 구름무늬가 마치 물음표처럼 생겼다는 점이 묘한 상상을 불러일으킨다. 수인을 감추듯 묘사된 구름무늬가 물음표 형태로서 마치 "수인이 무엇인가?"를 묻는 듯, 관자의 상상을 불러일으키기 때문이다. 물론

그림19. 팔상전 내부 3층포벽 흉상여래도 벽화1

그림20. 팔상전 내부 3층포벽 흉상여래도 벽화2

이 벽화가 그려진 조선시대에는 물음표가 사용되지 않았던 때이다. 그러나 현대 시점에서 시공을 초월한 옛 화사의 선지적 표현을 보는 듯하다. 결과적으로 재치와 해학, 그리고 묘한 상상력이 녹아든 도상표현이라 하겠다.

5) 외부단청양식

■ 일제 강점기의 팔상전 외부단청

『조선고적도보』에는 일제강점기에 촬영된 팔상전의 사진 몇 장이 수록되었다. 이를 통하여 일제강점기 팔상전의 외부단청상태를 파악할 수 있다. 비록 흑백사진이라 해도 당시 팔상전 외부단청채색의 현상이 확연히 파악된다.

일제 강점기 팔상전의 외부단청은 지금과는 판이하게 다른 양식특성을 보여준다. 당시 팔상전의 외부단청은 현재보다 화려한 문채장식의 특징이 다분히 나타난다. 머리초의 구성도 다양한 요소가 부가되기 시작한 근대 이후의 양식이 뚜렷이 파악된다.

외부 1층 창방에 채색된 연화머리초는 바자휘가 부가된 연화병머리초 구성이다. 도리·장여에는 인휘가 부가된 주화관자머리초가 채화된 모습이다. 연목에도 인휘가 부가된 연화머리초가 확인된다. 이들 머리초는 문채의 구성요소가 다양해지기 시작하는 근대 이후의 양식특성을 다분히 보여준다. 주의초 역시 곱팽이와 녹화로 다소 복잡하게 구성되어 현재의 문양과는 상이함이 역연하다.

창방과 도리의 부재 중심에는 고리금의 일종인 금무늬가 가득히 채색되었음이 확인된다. 또한 현재는 여백으로 남아있는 포벽에는 여래상과 연꽃이 장식되었음을 파악할 수 있다. 즉 일제 강점기의 팔상전의 외부단청은 머리초와 금문양과 벽화가 조화롭게 채색된 금단청양식이었던 것이다. 이것은 1968년에 수리된 현재의 팔상전 외부단청문양과는 판이하게 다른 양식이다.

한편 일제강점기 팔상전의 단청채색상태는 비록 흑백사진이지만 보존상태가 양호했음을 알 수 있다. 문채의 윤곽이 뚜렷하게 파악되는 것으로 보아 단청채색 후 그리 오래되지 않은 상태임을 알 수 있다. 또한 단청채색의 퇴

그림21. 일제강점기의 팔상전 1층 외부처마부분 단청(조선고적도보)

락흔적을 거의 찾을 수 없기 때문이다. 따라서 일제강점기 팔상전의 단청은 1895년 대수리 시에 개칠된 것으로 추정할 수 있다.

그림 22. 일제강점기 팔상전 상층부의 외부단청(조선고적도보)

■ 1968년 대수리 이후 팔상전 외부단청

팔상전은 1969년 대대적인 수리 이후 오늘에 이르고 있다. 따라서 현재 팔상전 외부의 단청은 1969년 보수 시에 전면 개칠된 것이다. 그 후로도 부분적인 수리와 교체부재의 고색단청이 채색되었지만 단청의 대대적인 개칠은 없었다.

현재 팔상전의 외부 단청양식은 주요 부재에 머리초만을 장식하는 모로단청양식이다. 머리초의 종류는 연화머리초·녹화머리초·석류머리초 등이다. 머리초의 구성은 주문양을 중심으로 간소한 문양요소가 부가된 고졸한 양식특성을 보여준다.

그림 23. 팔상전 외부2층 편액부분

1968년 팔상전의 수리 이전에는 1895년에 개칠된 단청이 남아있었던 것으로 파악된다. 그러나 수리 이후 팔상전의 외부단청양식은 그 이전과는 판이하게 달라졌다. 높은 등급의 금단청양식에서 단출한 모로단청양식으로 바뀐 것이다. 이것은 당시 내부에 남아있던 고단청의 문채를 바탕으로 개칠된 것으로 판단된다. 즉 내부에 남아있던 고단청의 문채를 바탕으로 원형보존의 원칙에 따라 외부단청문채를 복원하여 개칠한 것으로 파악된다.

그럼에도 불구하고 당시 단청개칠수리는 많은 문제점이 야기되었다. 수리 시에 교체된 부재에 개칠된 고색단청은 오히려 고단청의 수려한 예술성을 훼손하는 결과를 가져왔다. 또한 외부 포벽에 단색가칠만을 채색한 것은 내부 고단청의 양식에 반하는 것이다. 내부 부재에 가득 장식된 각종 별화들도 외부단청의 복원에는 전혀 반영되지 않았다. 즉 내부 고단청양식의 단청머리초만을 외부단청복원에 반영한 결과였다. 결론적으로 팔상전 단청은 수리를 통하여 원형의 고격한 예술성이 오히려 훼손되는 결과를 가져온 것이다.

이러한 현상은 비단 1968년 팔상전의 단청보수의 결과에서만 나타나는 것은 아니다. 대한민국 정부수립 이후 대부분의 건축수리사업에서 고색단청기법이 제대로 수행되지 않은 사례는 부지기수이다. 부식된 목부재를 교체하는 과정에서 신 부재의 단청부분을 고색으로 채색하여 매우는 고색부분단청기법은 고난이도의 솜씨를 요구하는 채색기법이다. 불화나 벽화의 수리와 다를 바 없는 것이다. 이것은 전통건축의 보수 시에 고단청채색의 보존이나 개칠을 소홀히 한 데에 원인이 있는 것이다. 전통단청채색의 고격한 예술성을 훼손하는 일이 더 이상 일어나지 않기를 고대한다.

법주사 팔상전 단청문양
배치현황 및 모사도

주지한 바와 같이 팔상전의 외부는 모로단청양식이 장식되었으며, 내부 상층부의 고단청은 별화가 부가된 별화모로단청의 양식특성을 보여준다. 현재 남아있는 단청문양을 각 부재별로 살펴보면 다음과 같다.

1. 내부 - 1층

- 1층 창방머리초 : 연화병머리초 형식으로 구성되었다. 온바탕의 주문양은 연화·석류·항아리·곱팽이 등으로 구성되었으며 반바탕에는 녹화와 곱팽이가 간소하게 조합된 형태이다. 2개의 늘휘가 부가되었으며 반바탕을 연결하는 질림이 추가되었을 뿐 전체적으로 단출한 구성미를 보여준다.
- 1층 도리장여머리초 : 창방머리초와 유사한 구성을 보여준다. 다만 온바탕 주문양의 구성에서 석류가 생략된 점과 늘휘 한 개만 부가된 것이

다른 점이다. 대체적으로 소박한 구성미에서 19세기 이전의 고졸한 양식특성을 다분히 느낄 수 있다.

- 1층 출목뜬장여머리초 : 겹녹화가 온바탕과 반바탕 주문양으로 배치된 장구머리초형식의 구성이다. 매우 단출한 문채의 구성특성을 보여준다.
- 1층 퇴량머리초 : 연화병머리초 형식으로 구성되었다. 온바탕의 주문양은 연화·석류·항아리·곱팽이 등으로 구성되었으며 반바탕에는 온바탕 문양의 절반형태가 그대로 적용되었다. 결련금의 직휘가 추가된 점이 창방머리초와 다른 요소이다.
- 1층 퇴량받침머리초 : 겹녹화가 역방향 병머리초형식으로 배치된 구성이다. 매우 단출하고 고졸한 조합특성을 보여준다.
- 1층 주두 : 녹화와 결련금으로 구성되있다.
- 1층 소로 : 녹화의 고졸한 구성이 특징이다.
- 1층 주의 : 상단에는 녹화가 배치되었고, 하단에는 비단모양의 탁의卓衣가 장식되었다. 탁의 내부에는 구름무늬가 그려졌고, 둘레 단에는 연주문이 가지런히 배치된 모습이다.
- 1층 화반 : 화반은 연화덩굴문과 귀면문 등 두 종류의 문채가 채화되고 있다.
- 1층 첨차 : 겹녹화가 병머리초 형식으로 배치되었다.
- 1층 제공 : 주심포제공과 귀한대제공 모두 초틀임이 상부로 휘감아 피어오르는 형상으로 도안되었다. 주심포제공에는 적색과 청색의 연봉蓮峯이 추가된 점이 귀한대제공의 초틀임과 다른 점이다.

내부1층 창방머리초

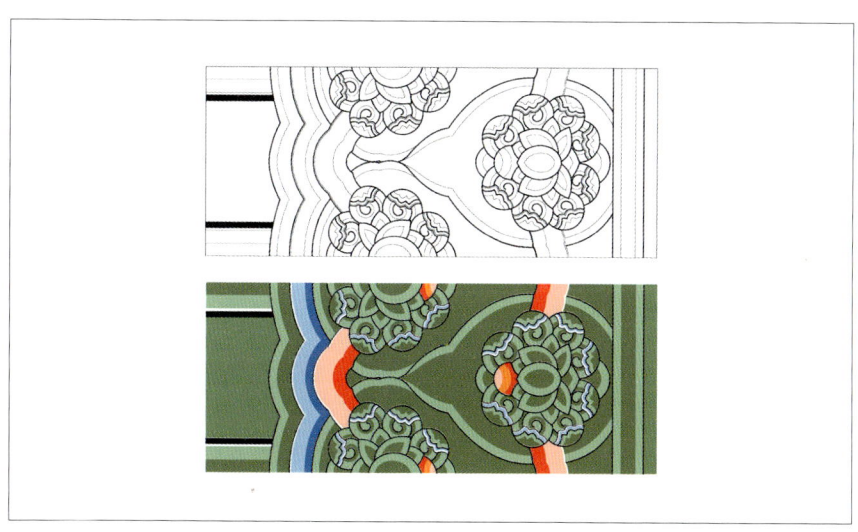

내부1층 도리장여머리초

내부1층 출목뜬장여미리초

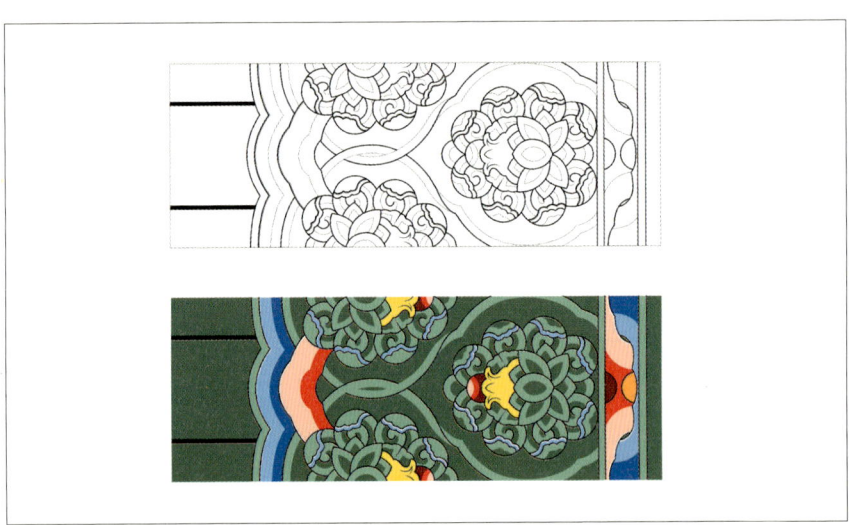

내부1층 퇴량머리초

내부1층 퇴량받침머리초

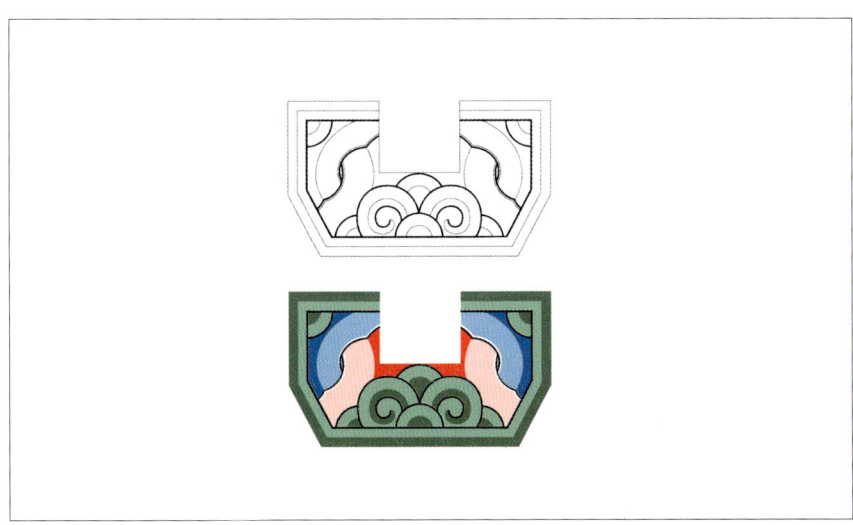

내부1층 주두

내부1층 소로

내부1층 주의

내부1층 귀면연꽃화반

내부1층 귀면화반

내부1층 화반

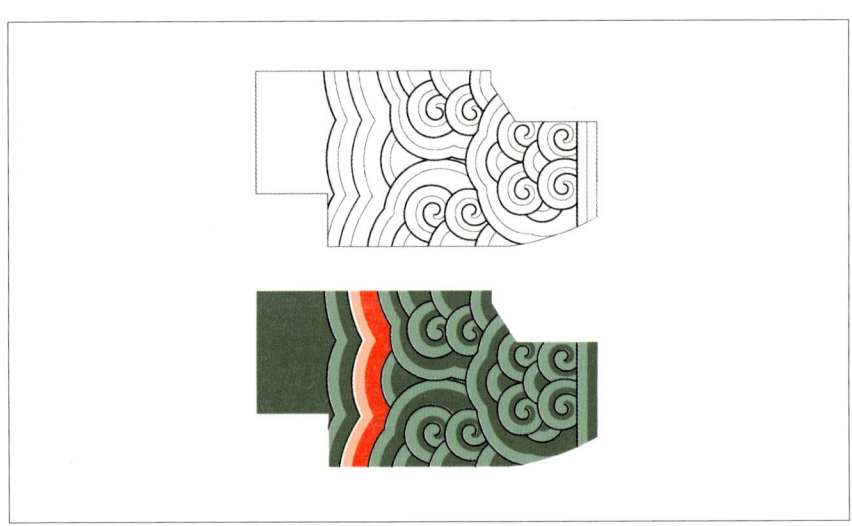

내부1층 주심첨차

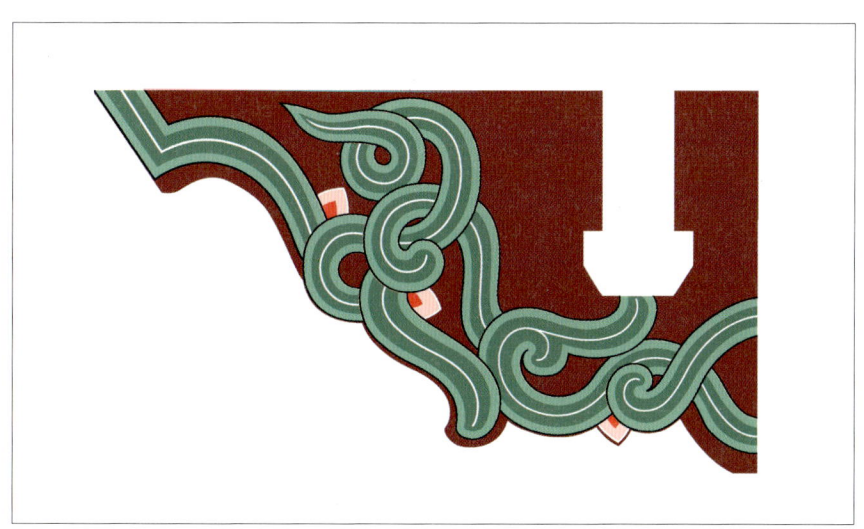

내부1층 귀한대초틀임

내부1층 주심포제공

내부1층 도리장여머리초

내부1층 주의초

내부1층 창방머리초

내부1층 첨차

내부1층 출목장여머리초

내부1층 충방머리초

내부1층 퇴량머리초

내부1층 퇴량제공

내부1층 화반

2. 내부 - 2층

- 2층 뜬장여머리초 : 연화병머리초 형식으로 구성되었다. 온바탕과 반바탕의 주문양구성은 동일하며, 석류가 생략된 점이 특징이다. 직휘는 생략되었고, 늘휘 하나만이 부가되었으며 주문양에 접하여 질림이 장식된 점이 특징이다.
- 2층 멍에창방머리초 : 겹녹화병머리초 형식의 구성을 보여준다. 온바탕에는 3겹의 중첩된 녹화가 적용되었으며, 결련금 형태의 직휘가 부가된 모습이다.
- 2층 도리장여머리초 : 병머리초형식의 반머리초가 장식되었다. 주문양에는 꽃이 생략되었고, 대신 석류가 도화된 모습이다. 머리초 주문양에 꽃무늬 대신 석류만으로 구성된 사례는 지금까지 조사된 한국단청문양 가운데 초유의 것으로서 매우 주목되는 문양이다.
- 2층 고주인방머리초 : 역병머리초 형식으로 구성된 모습이다. 주문양은 중심에 4개의 여의주를 십자형으로 배치하고 주연에 곱팽이가 돌려졌다. 이러한 문채는 석류머리초와 더불어 국내 유일무이의 단청문양으로 주목된다.
- 2층 주두 : 1층 주두와는 달리 간단한 먹분선긋기로 채화되었다.
- 2층 소로 : 1층과 동일하게 구성된 녹화문양이다.
- 2층 첨자 : 1층과 동일한 겹녹화 병머리초형식의 구성이다.

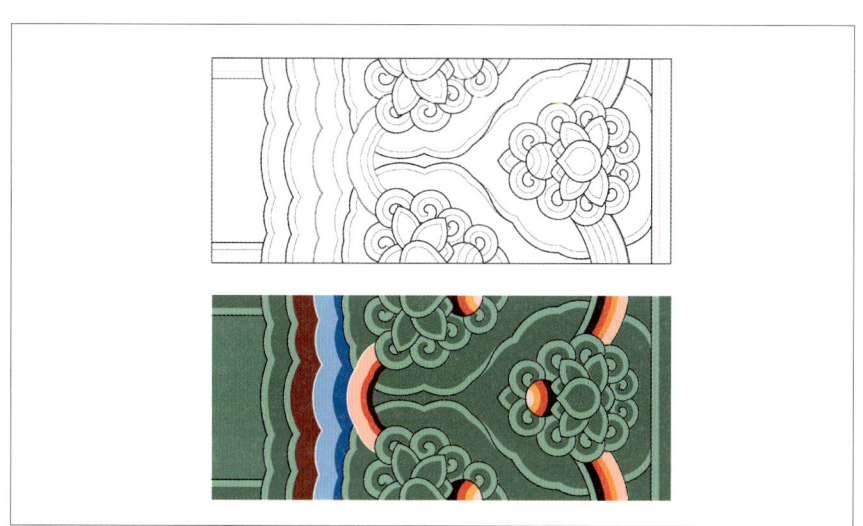

내부2층 뜬장여머리초

내부2층 도리장여머리초

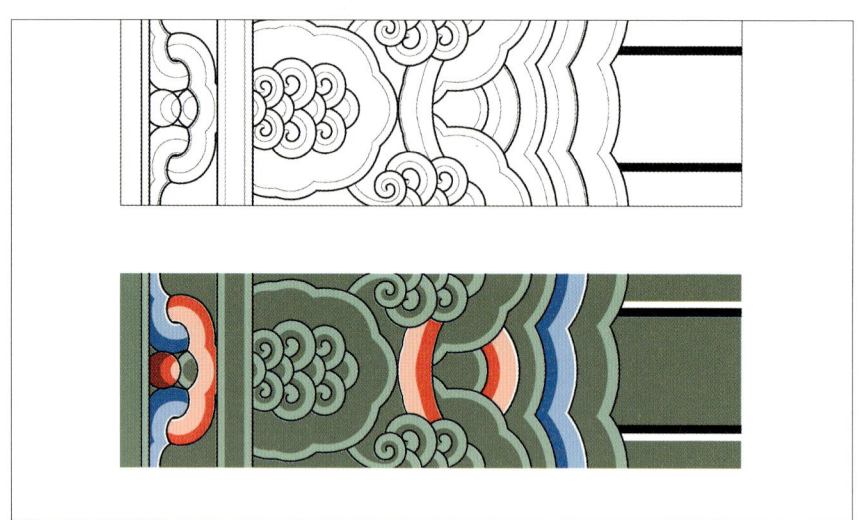

내부2층 멍에창방머리초

내부2층 고주인방머리초

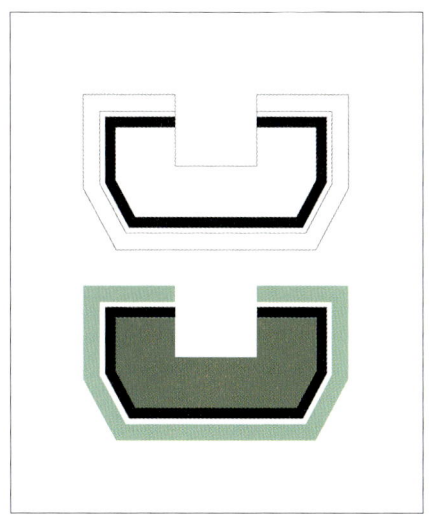

내부2층 주두

내부2층 소로

내부2층 주심포 제공

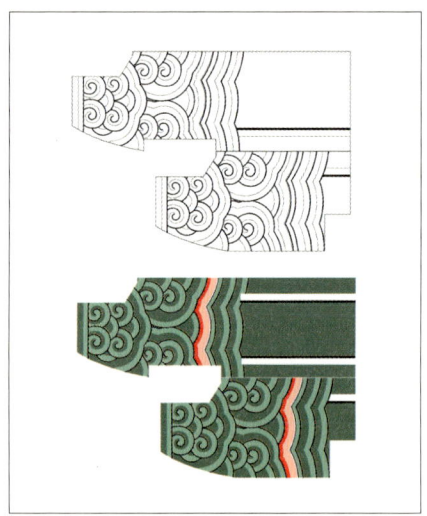

내부2층 첨차

내부2층 뜬장여머리초

내부2층 도리장여머리초

내부2층 멍에창방머리초

내부2층 고주인방머리초

내부2층 도리장여별화

내부2층 창방별화

3. 내부 - 3층

- 3층 창방머리초 : 겹녹화병머리초의 구성이다. 온바탕에는 석간주가 도채되어 반바탕과 구별된 점이 특색이다.
- 3층 멍에창방머리초1 : 겹녹화와 4겹의 녹화가 길게 이어져 중첩된 독특한 구성을 보여준다.
- 3층 멍에창방머리초2 : 겹녹화가 역방향 병머리초형식으로 조합되었으며, 내부 1층의 퇴량받침머리초와 동일한 문양구성이다.
- 3층 충방머리초 : 멍에창방머리초2와 동일한 겹녹화 병머리초문양이다.
- 3층 첨차머리초 : 겹녹화가 역방향 병머리초형식으로 구성되었다.
- 3층 주두 : 1층 주두와는 달리 간단한 먹 분선긋기로 채화되었다.
- 3층 소로 : 1층과 동일하게 구성된 녹화문양이다.

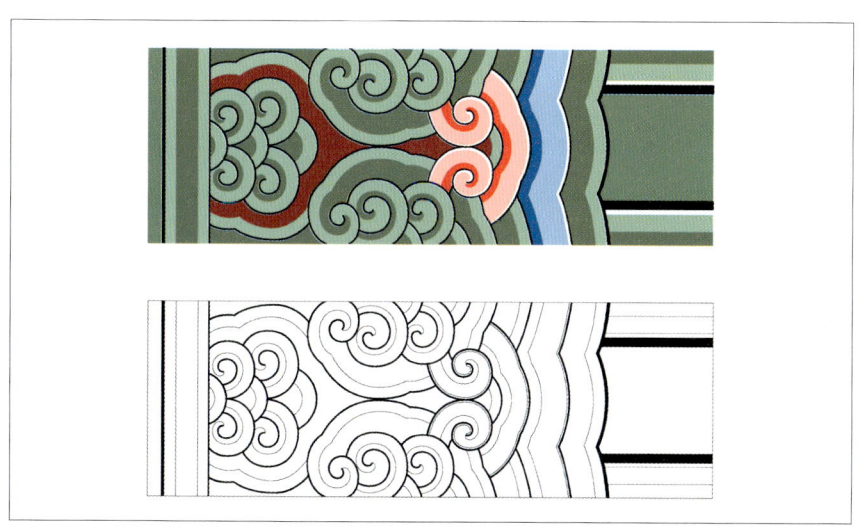

내부3층 창방머리초

내부3층 충방머리초

내부3층 멍에창방머리초1

내부3층 멍에창방머리초2

내부3층 멍에창방머리초3

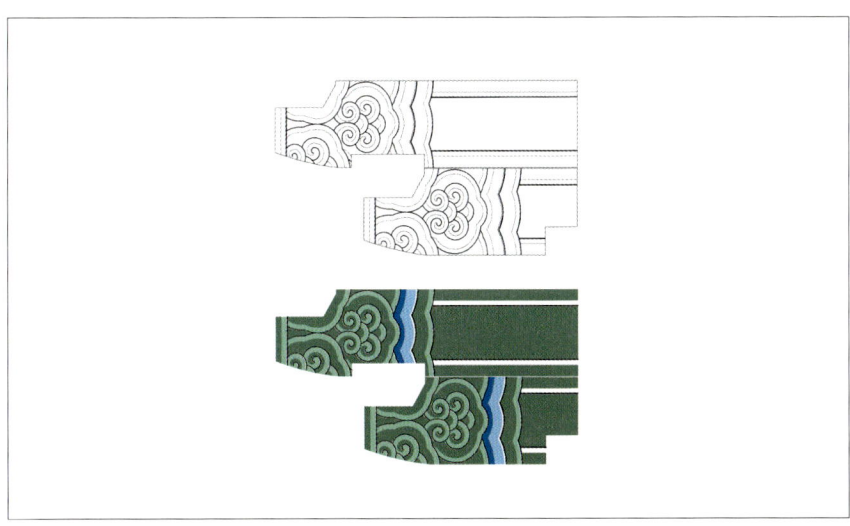

내부3층 첨차머리초

내부3층 소로

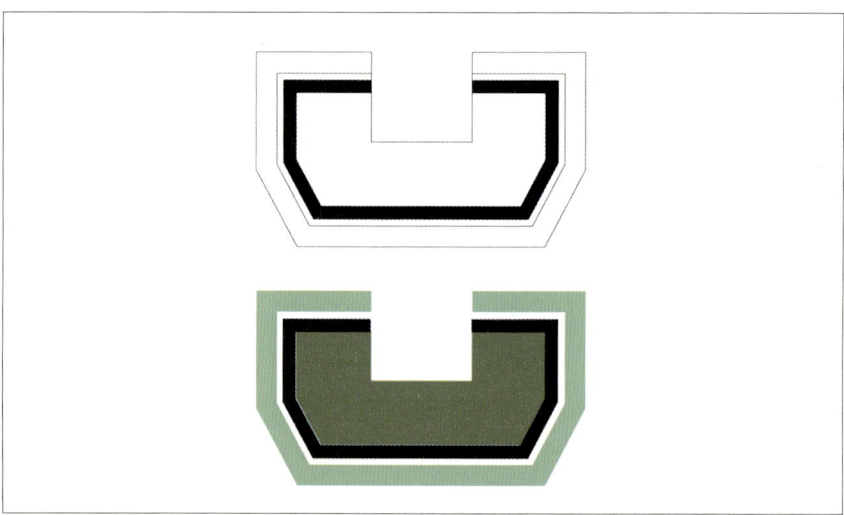

내부3층 주두

내부3층 반자 종다라니

내부3층 귀한대 제공

내부3층 주심포 제공

내부3층 충방머리초

내부3층 창방머리초

내부3층 멍에창방머리초

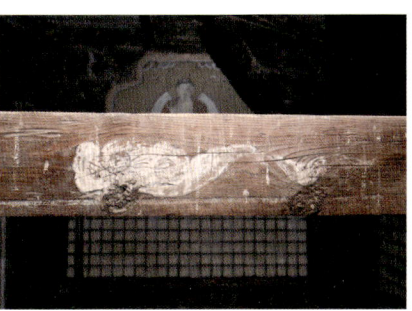
내부3층 충방 별화

내부3층 첨차

내부3층 귀한대 제공

내부3층 포벽 흉상여래도1

내부3층 포벽 흉상여래도2

내부3층 포벽 흉상여래도3

내부3층 포벽 흉상여래도4

내부3층 포벽 흉상여래도5

내부3층 포벽 흉상여래도6

내부3층 포벽 흉상여래도7

내부3층 포벽 흉상여래도8

내부3층 포벽 흉상여래도9

내부3층 포벽 흉상여래도10

내부3층 포벽 흉상여래도11

내부3층 포벽 흉상여래도12

4. 내부 - 별화

　팔상전 내부의 사천주·2층 층방·2층 도리장여·3층 반자 등 퇴락이 심한 고단청에서 다양한 별화를 확인할 수 있다. 내부 3층 천장에는 반자가 짜여졌다. 총 32개로 구획된 반자에는 각종 만다라꽃문양과 운용도雲龍圖가 가득히 채화되었다. 청판의 약 30~40%는 후대에 교체되어 인위적인 고색으로 개채된 것이지만 그 외 나머지는 고단청이 현재까지 전해지는 것으로 추정된다. 교체부재에 채화된 고색땜단청은 고단청에 비해 조악한 채화기법을 보여준다.

- 반자 만다라꽃 : 총 28개의 반자에 채화된 만다라꽃은 동일한 모양이 없을 정도로 다양한 형태로 구성되었다. 중심에 만개한 연꽃과 국화가 배치되었고 둘레에는 이파리와 줄기로 구성된 덩굴이 마치 꽃을 휘감아 에워싼 형태로 배치된 점이 특징이다.
- 반자 사천호룡도 : 사천주 사방 벽에 접하여 장방형으로 짜인 반자에 채화된 운용도 역시 모두 다른 형태를 보여준다. 구름을 헤치며 비상하는 역동적인 용틀임의 모습이 두드러진다. 그러나 일부 청판의 교체로 인해 부분 고색단청이 시공되었고, 원래의 것은 채색이 심하게 퇴색되었으나 어느 정도 그 형태를 파악할 수 있음은 다행스러운 일이다.
- 반자 종다라니 : 중심에 주화문이 배치되었고 사방으로 겹녹화가 피어나듯 한 형태로 구성된 모습이다. 색긋기는 육색과 적색의 3빛이 적용되었고, 중심 째기는 먹선을 배제하고 분선만으로 그려졌다.
- 사천주 - 내부 중심 어간의 사면 모서리에 설치된 사천주에는 용그림이 채화되었다. 한 마리 용이 몸통으로 높은 기둥을 휘감아 오르는 형상이

다. 그러나 퇴락이 심한 상부는 도상이 거의 보이지 않는다. 하부는 조악한 개칠로 인해 본래의 문채가 다분히 왜곡된 상태가 역연하다. 사천주의 상부에는 주의초가 채색되었으나 퇴색이 심한 상태이다.

- 2층 도리장여 - 도리와 장여의 계풍에 다양한 소재의 별화가 채화되었다. 비록 퇴락이 심하지만, 어느 정도 문채형상의 파악이 가능한 상태이다. 주 소재로는 사자로 추정되는 동물그림을 들 수 있으며, 봉황도와 화초그림도 확인된다.
- 2층 충방 - 사천주와 고주를 연결하는 충방과 고주와 고주를 연결하는 충방 등의 계풍에도 간소한 도상의 별화가 장식되었다. 주 소재는 구름이며, 여의주와 과일그림도 확인할 수 있다.

내부 반자 종다라니

팔상전-내부-반자단청모사현황

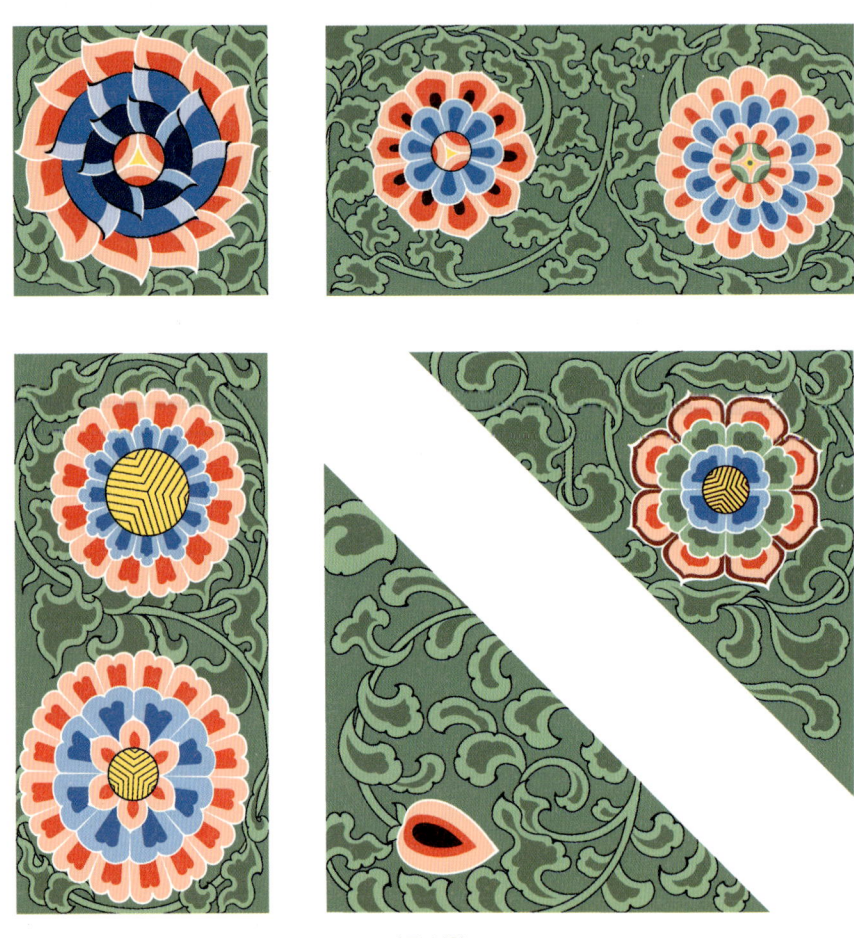

남동-현황도

남서-현황도

북동-현황도

북서-현황도

남-어간-현황도

동-어간-현황도

북-어간-현황도

서-어간-현황도

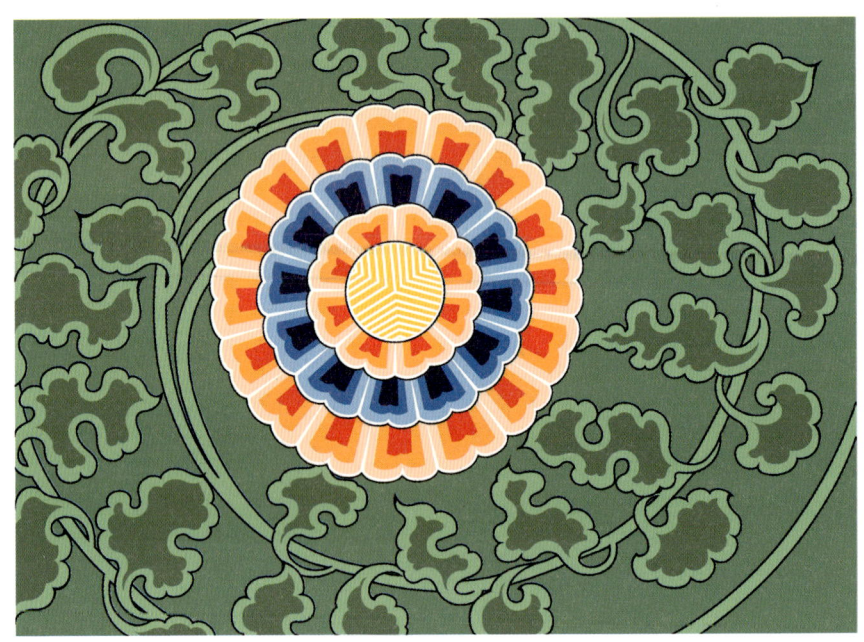

우물반자-1-1

우물반자1-2

우물반자-1-4

우물반자-1-5

우물반자-1-6

우물반자-1-7

우물반자-1-8

우물반자-1-9

법주사 팔상전 단청문양 배치현황 및 모사도

우물반자1-10

우물반자-1-11

우물반자-1-12

우물반자-1-13

우물반자-2-2

우물반자-2-3

우물반자-3-1

우물반자-3-2

우물반자-3-4

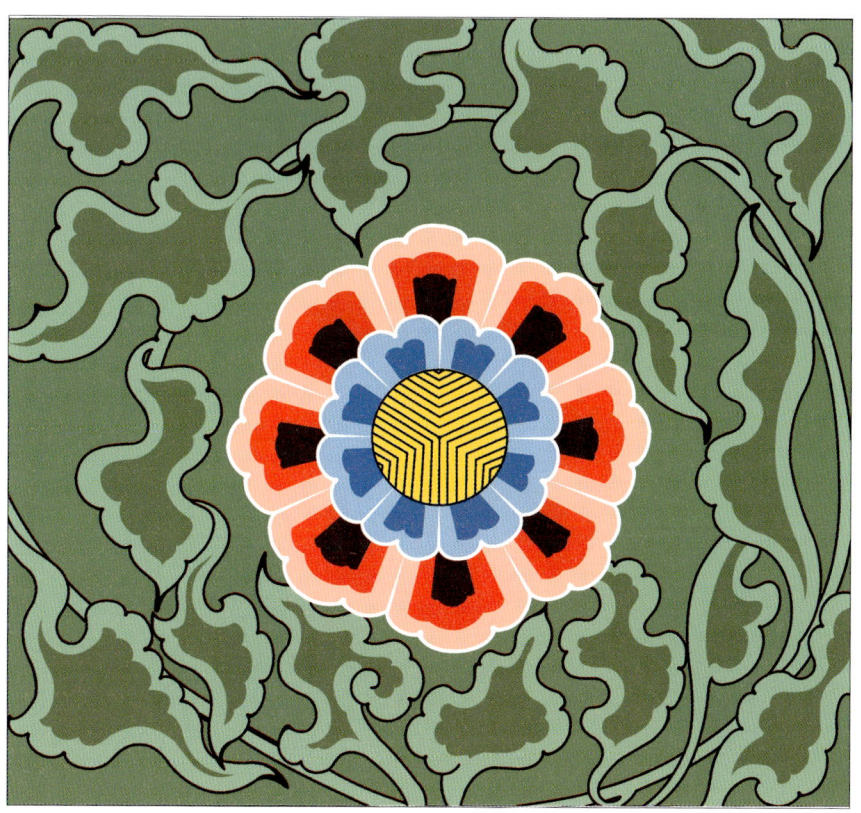

우물반자-3-5

우물반자-3-6

우물반자3-7

우물반자-3-8

우물반자-3-9

우물반자 3-10

우물반자-3-11

우물반자-3-12

우물반자-3-13

우물반자-4-2

우물반자-4-3

우물반자 동-1

우물반자 북-1

우물반자 서-1

5. 외부 - 1층

- 1층 창방머리초 : 연화병머리초 형식으로 온바탕의 주문양은 연화·석류·항아리·곱팽이 등으로 구성되었으며 반바탕에는 녹화와 곱팽이가 조합된 형태이다. 내부 1층의 창방머리초와 동일하게 구성된 문채를 보여준다.
- 1층 도리장여머리초 : 내부 1층의 도리장여머리초와 동일한 문채구성이다. 연화 병머리초형식이며, 주문양의 구성에서 석류가 생략된 점이 특징이다.
- 1층 연목머리초 : 간소하게 구성된 연화머리초가 장식되었다. 녹연화·석류·항아리·곱팽이로 구성되었으며, 청색의 질림이 부가된 모습이다. 휘도 생략되었으며, 대신 육색대로 마무리한 형태이다.
- 1층 연목단 : 간소하게 구성된 5엽의 꽃무늬가 육색과 주홍으로 채화되었다.
- 1층 도리단 : 하부 중심에 겹녹화가 배치되었고, 상부에는 결련금이 부가되어 구성된 문양이다.
- 1층 주두 : 녹화와 결련금으로 구성되었으며 내부와 동일한 문양이다.
- 1층 소로 : 녹화로 구성되었으며, 내부 소로와 동일한 문양이다.
- 1층 주심첨차 : 겹녹화 병머리초 형식이며, 내부 첨차와 동일하다.
- 1층 출목첨차 : 간소한 초틀임으로 구성되었으며, 단에는 6매화점이 장식되었고, 뱃바닥에는 육색·주홍과 삼청을 칠하고 중심에는 먹선과 분선으로 그어 마무리되었다.
- 1층 화반 : 화반은 연화덩굴문과 귀면문 등 두 종류의 문채가 채화되고

있다. 귀면은 삼청색이 주류를 이루었으며, 연꽃은 적색과 청색의 2빛이 사용되었다. 초틀임의 형태가 다소 복잡한 꼬임으로 구성된 점이 특징이다.

- 1층 제공 : 주심포와 귀포의 제공 모두 초틀임이 장식되었으나 양자 간의 초틀임 형태가 약간 상이한 조형을 보여준다. 뱃바닥은 육색·주홍·다자 등 3빛이 적용되었고, 중심에는 먹선과 분선을 넣어 마무리된 모습이다.
- 1층 귀한대 : 귀한대의 제공은 용이 장식되었는데 부조가 적용된 것과 그냥 판재로 된 것 두 가지가 있다. 하부로부터 승천하는 운동감을 보여주는 용은 부리부리한 눈과 긴 눈썹과 염익髥翼이 풍부한 생동감으로 묘사되었으며, 입을 크게 벌리고 여의주를 잡은 모습이다. 용의 몸통색은 청색과 석간주 두 종류가 있으며, 초틀임이 용의 몸통을 휘감듯 부가된 것이 특징이다.

외부1층 창방머리초

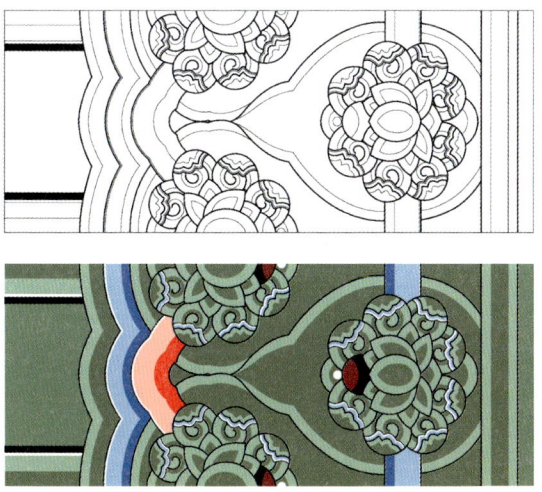

외부1층 도리장여머리초

외부1층 연목머리초

외부1층 도리단

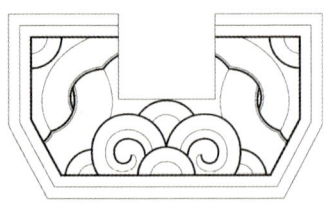
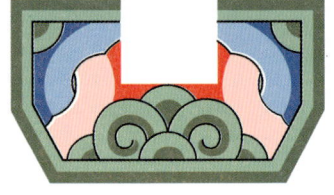

외부1층 주두

외부1층 소로

외부1층 주심첨자

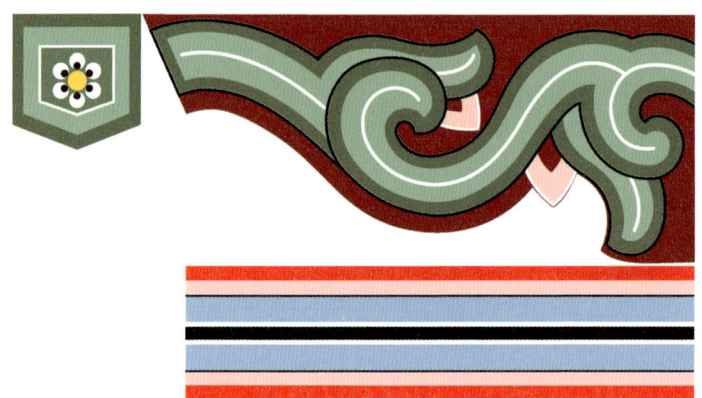

외부1층 출목첨자

외부1층 첨차-입면단청현황도

외부1층 연꽃 화반

외부1층 귀면언꽃회반

외부1층 귀면화반

외부1층 귀포-제공초틀임

외부1층 주심포-제공초틀임

외부1층 귀포-귀한대제공1

외부1층 귀포-귀한대제공2

외부 1층 어간

외부 1층 귀공포

외부 1층 퇴칸

외부 1층 연목

외부 1층 귀공포 용문양

외부 1층 귀공포 용문양

외부 1층 귀공포 용문양

외부 1층 퇴칸 제공초각

외부 1층 어간 제공초각

팔상전 외부 1층 도리머리초

외부 1층 귀면화반

외부 1층 귀면화반

외부1층 화반

외부1층 귀공포 제공

외부1층 귀한대 제공

외부1층 주두

외부1층 대첨차

외부1층 연꽃화반

외부1층 귀한대 제공

외부1층 도리장여머리초

외부1층 어간 공포

외부1층 주심포 제공

외부1층 귀한대

외부1층 연목단

외부1층 퇴간 공포부

외부1층 귀공포

외부1층 창방머리초

외부1층 연목머리초

외부1층 연목머리초

6. 외부 - 2층

- 2층 창방머리초 : 3겹녹화병머리초 형식으로 구성되었다. 주문양으로 3겹의 중첩된 녹화가 적용되었으며, 육색과 주홍 2빛의 질림이 부가된 모습이다. 직휘는 결련금이며 늘휘는 청색2빛으로 마무리되었다. 내부 멍에창방머리초와 유사한 문채의 구성을 보여준다.
- 2층 툇간 창방머리초 : 겹녹화의 간략한 구성을 보여준다.
- 2층 도리장여머리초 : 석류병머리초 형식으로 주문양에 꽃이 생략되었고, 대신 석류가 배치되었다. 내부 2층 도리장여에 남아있는 고단청의 문채를 모사하여 채화한 것이다.
- 2층 툇간 도리장여머리초 : 석류와 곱팽이가 간소하게 조합된 석류머리초이다. 하나의 휘색대와 질림이 부가된 모습이다.
- 2층 연목머리초 : 간소하게 구성된 연화머리초가 장식되었다. 1층과 동일한 문양이다.
- 2층 연목단 : 5엽의 꽃무늬가 간소하게 구성되어 육색과 주홍으로 채화되고 있다.
- 2층 도리단 : 녹화와 결련금으로 구성되었다. 겹녹화를 사용하지 않았다는 점이 1층 도리단의 문양과 다른 점이다.
- 2층 첨차 : 겹녹화로 머리초 주문양을 구성하고, 첨차단에는 6매화점이 장식되었다. 뱃바닥에도 머리초가 장식되었으며, 육색·주홍과 삼청을 칠하고 중심째기는 먹선과 분선 마무리되었다.
- 2층 주두 : 1층 주두와는 달리 간단한 먹분선긋기로 채화되었으며 내부 2층과 동일하다.

- 2층 소로 : 1층과 동일하게 구성된 녹화문양이다.
- 2층 제공 : 주심포와 귀포의 제공 모두 초틀임이 장식되었다. 밑에서 위로 피어오르듯 휘감아 올라가는 양자 간의 초틀임이 약간 상이한 형태를 보여준다. 뱃바닥은 육색·주홍·다자 등 3빛이 적용되었고, 중심에는 먹선과 분선 긋기로 마무리된 모습이다.
- 2층 귀한대제공 : 하부에서 피어난 초틀임이 상부로 휘감아 오르는 형태로 구성되었다.

외부2층 창방머리초

외부2층 퇴칸-창방머리초

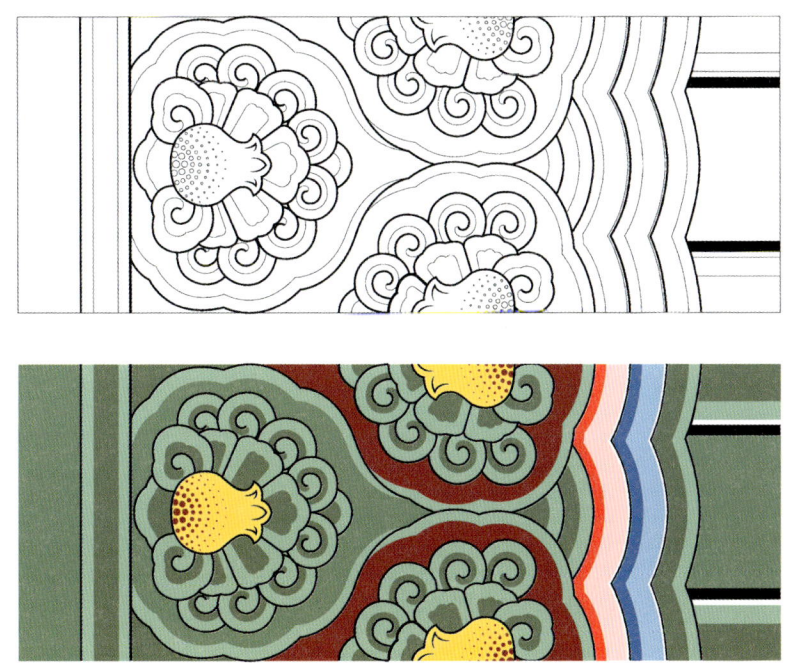

외부2층 도리장여머리초

외부2층 퇴칸-도리장여머리초

외부2층 연목머리초, 연목단

외부2층 도리단

외부2층 어간-첨차-단청현황도

외부2층 퇴칸-첨차-단청현황도

외부2층 첨차

외부2층 주심첨차

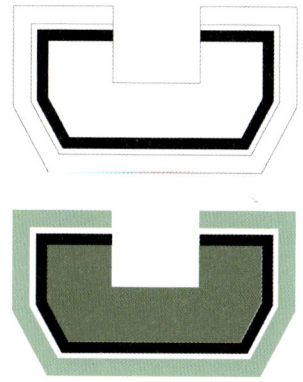

외부2층 주두

외부2층 소로

외부2층 귀포제공 초틀임

외부2층 주심포-제공초틀임

외부2층 귀포-출목제공

외부2층 귀포-귀한대제공 초틀임

외부2층

외부2층 귓처마

외부2층 귀공포

외부2층 귀공포

외부2층 귀공포

외부2층 추녀받침 인비인조각

외부2층 추녀받침 인비인조각

외부2층 추녀받침 인비인조각

외부2층 추녀받침 인비인조각

외부2층 귀공포 부분

외부2층 어간 제공초각

외부2층 어간 제공초각

외부2층 퇴칸

외부2층 어간 도리머리초

외부2층 퇴칸 도리머리초

외부2층 어간 창방머리초

7. 외부 - 3층

- 3층 창방머리초 : 3겹녹화병미리초 형식으로 구성되었다. 외부 2층의 창방머리초와 동일한 문채이다.
- 3층 도리장여머리초 : 석류병머리초 형식으로 주문양에 꽃이 생략되었고, 대신 석류가 배치되었다. 외부 2층 도리장여머리초와 동일한 문채 구성이다.
- 3층 연목 : 연화머리초의 구성과 연목단의 5엽 화문 모두 다른 층의 문채와 동일하다.
- 3층 첨차 : 녹화머리초, 단의 6매화점, 뱃바닥 색긋기 모두 2층의 사례와 동일하다.
- 3층 주두 : 1층 주두와는 달리 간단한 먹분선긋기로 채화되었으며 내부 2층과 동일하다.
- 3층 소로 : 1층과 동일하게 구성된 녹화문양이다.
- 3층 도리단 : 녹화와 결련금으로 구성되었다. 2층 도리단의 문양과 동일한 문양이다.
- 3층 제공 : 주심포와 귀포의 제공 모두 밑에서 위로 피어오르듯 휘감아 올라가는 초틀임이 장식되었다. 그러나 양자 간의 초틀임이 약간 상이한 형태를 보여준다. 제공 단의 색긋기는 육색·주홍·다자 등 3빛이 적용되었고, 중심 째기는 먹선과 분선 긋기로 마무리된 모습이다
- 3층 귀한대제공 : 하부에서 피어난 초틀임이 상부로 휘감아 오르는 형태로 구성되었다. 그러나 2층 귀한대제공의 초틀임 형태와는 상이한 조형을 보여준다.

창방머리초

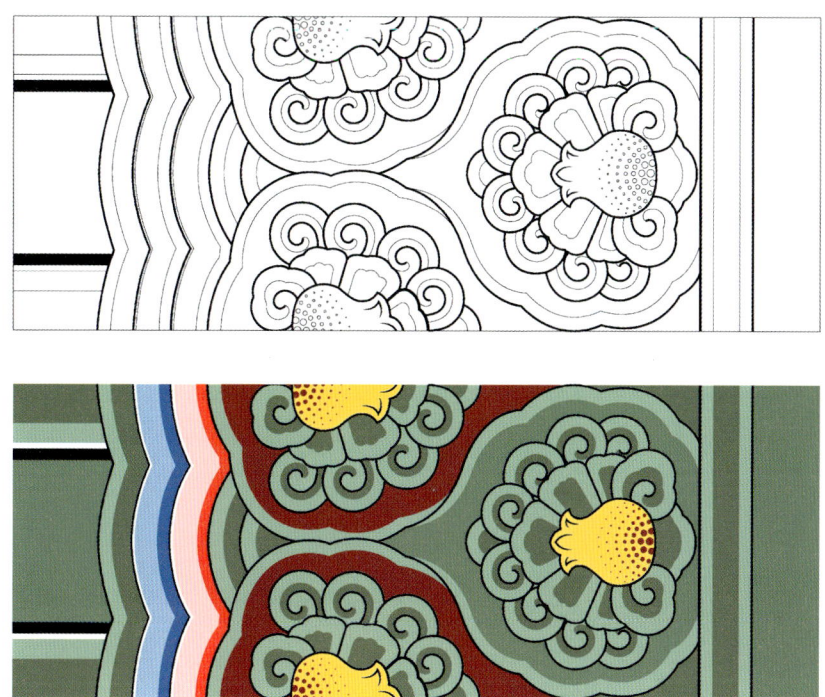

외부 3층 도리장여머리초

외부 3층 연목머리초

외부 3층 어간-첨차-단청현황도

외부 3층 첨자

외부 3층 도리단

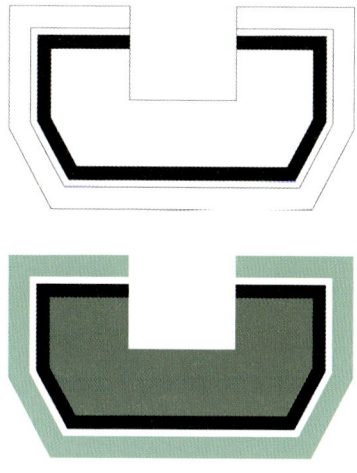

외부 3층 주두

외부 3층 소로

외부 3층 귀포제공 초틀임

외부 3층 주심포제공 초틀임

외부 3층 귀한대제공 초틀임

외부 3층 1

외부 3층 2

외부 3층 귀공포1

외부 3층 귀공포2

외부 3층 어간

외부 3층 귀공포

법주사 팔상전 단청문양 배치현황 및 모사도   283

외부 3층 귀한대 제공초각

외부 3층 귀공포 제공초각

외부 3층 주심포 제공초각

외부 3층 주심포 제공초각

외부 3층 연목머리초

외부 3층 연목단

외부 3층 도리,장여머리초

외부 3층 첨차

외부 3층 창방머리초

8. 외부 - 4층

- 4층 창방머리초 : 겹녹화병머리초 형식으로 구성되었다. 내부 3층 창방에 남아있는 고단청의 머리초와 동일한 문채이다.
- 4층 협칸 창방머리초 : 겹녹화로 단출하게 구성되었다.
- 4층 도리장여머리초 : 석류병머리초 형식이다. 주문양의 꽃을 생략하고 그 자리에 석류가 장식되었다. 내부 2층 도리장여에 남아있는 고단청의 문채를 모사하여 채화한 것으로 사료된다.
- 4층 도리단 : 녹화와 결련금으로 구성되었다. 1층을 제외한 모든 층의 도리단 문양이 동일하다.
- 4층 연목 : 연화머리초의 구성과 연목단의 문양 모두 다른 층의 문채와 동일하다.
- 4층 첨차 : 머리초, 단, 뱃바닥 색긋기 모두 2층의 사례와 동일하다. 다만 4층 첨차의 뱃바닥에는 머리초가 생략되었고, 색긋기만이 시채된 모습이다.
- 4층 주두 : 간단한 먹분선긋기로 채화되었다.
- 4층 소로 : 녹화로 구성되었으며, 상부 양끝 모서리에 적색의 항아리가 부가되었다.
- 4층 제공 : 주심포와 귀포의 제공 모두 유사한 초틀임이 장식되었으나 양자 간의 형태가 상이하다. 뱃바닥의 색긋기는 다른 층의 사례와 동일하다.
- 4층 귀한대제공 : 하부에서 피어난 초틀임이 상부로 휘감아 오르는 형태로 구성되었다.

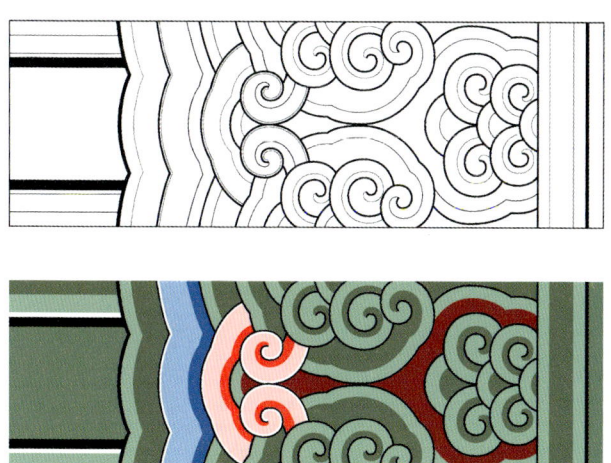

외부4층 어간-창방머리초

외부4층 협칸-창방머리초

외부4층 어간-도리장여머리초

외부4층 협칸-도리장여머리초

외부4층 도리단

외부4층 연목머리초

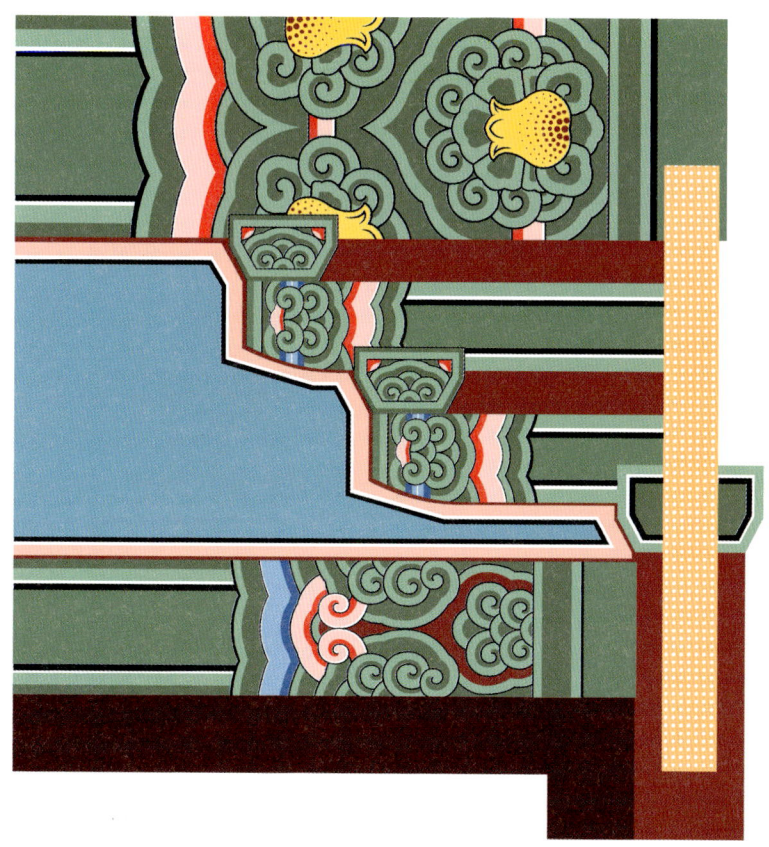

외부4층 어간-주심첨차-단청현황도

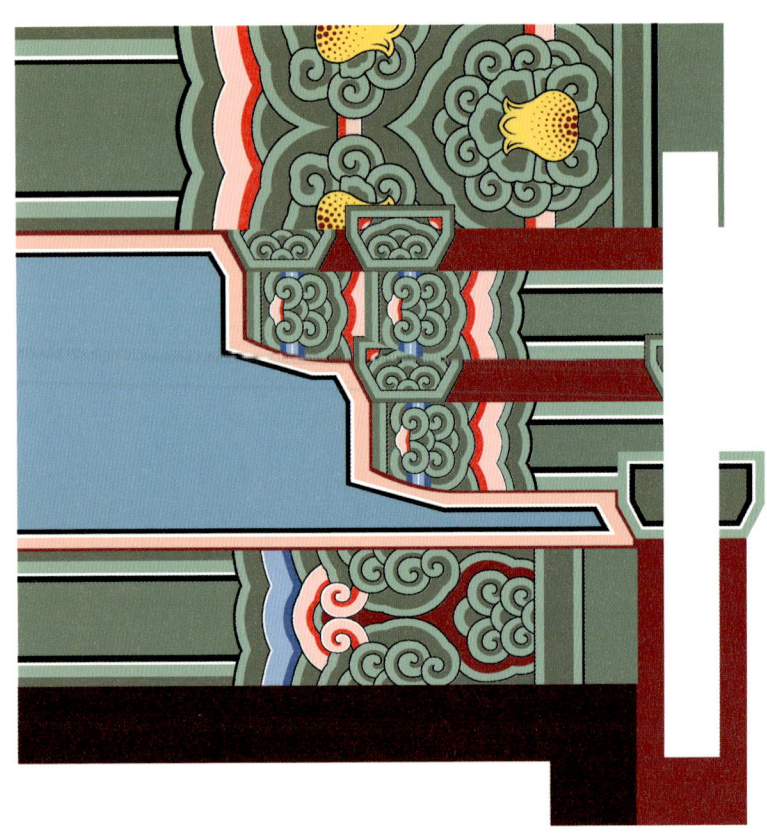

외부4층 어간-첨차-단청현황도

외부4층 첨자

외부4층 주두

외부4층 소로

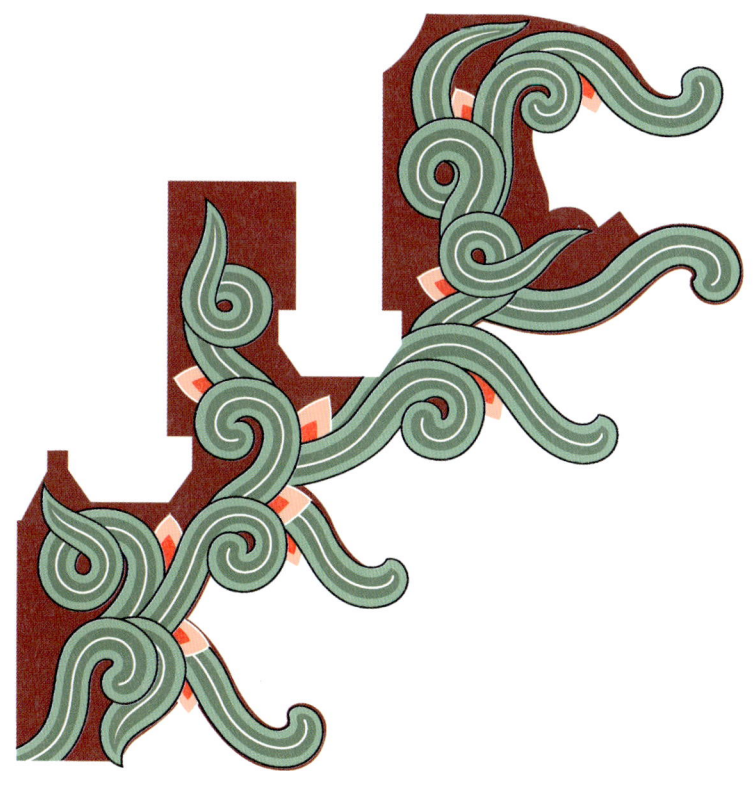

외부4층 주심포제공 초틀임

외부4층 귀포제공 초틀임

외부4층 귀한대제공 초틀임

외부4층 공포부분

외부4층 공포부분

외부4층 공포부분

외부4층 귀공포

외부4층 귀한대 제공초각부분

외부4층 귀처마부분

외부4층 귀공포 제공초각

외부4층 주심초 제공초각

외부4층 퇴칸

외부4층 어간

외부4층 연목머리초

외부4층 연목단

외부4층 도리,장여머리초

외부4층 도리단

외부4층 창방머리초

9. 외부 - 5층

- 5층 창방머리초 : 주화와 녹화를 소재로 하여 단출한 장구머리초 형식으로 구성되었다.
- 5층 창방뺄목 : 석간주와 다자 등의 2빛으로 간소하게 구성된 초틀임 문양이 장식되었다.
- 5층 평방머리초 : 겹녹화와 4겹녹화가 이어서 배치되었고, 끝에 두 개의 휘가 부가되어 완성된 모습이다. 내부 3층의 멍에창방머리초를 모사하여 구성한 것으로 사료된다.
- 5층 평방뺄목 : 단출하게 구성된 녹화머리초이다.
- 5층 평방단 : 상하로 주화가, 좌우로 녹화가 각각 배치되었고, 중심에는 2개의 항아리가 조합된 문양이다.
- 5층 도리장여머리초 : 석류머리초가 장식되었다. 외부 2층 툇간의 머리초와 동일한 구성인데 청색2빛의 질림이 추가된 점이 다르다.
- 5층 도리장여단 : 도리단의 문양은 녹화와 결련금으로 구성되었다. 장여단에는 간단한 6매화점이 상하로 중첩된 문양이다.
- 5층 도리뺄목머리초 : 겹녹화가 2중으로 중첩되어 구성된 문양이다.
- 5층 첨차 : 입면에는 녹화머리초가 장식되었고, 뱃바닥에는 머리초를 생략하고, 색긋기만이 채화된 모습이다. 단에는 6매화점의 소문이 장식되었다.
- 5층 연목 : 연화머리초의 구성과 연목단의 5엽 화문 모두 전 층의 문채와 동일하다.
- 5층 제공 : 귀포와 귀한내의 제공 모두 간소화된 초틀임 문양이 장식되고 있다.

외부5층 창방머리초

외부5층 창방뺄목초틀임

외부5층 평방머리초

외부5층 평방뺄목머리초

외부5층 평방단

외부5층 도리단

304 단청, 세계문화유산 법주사 팔상전

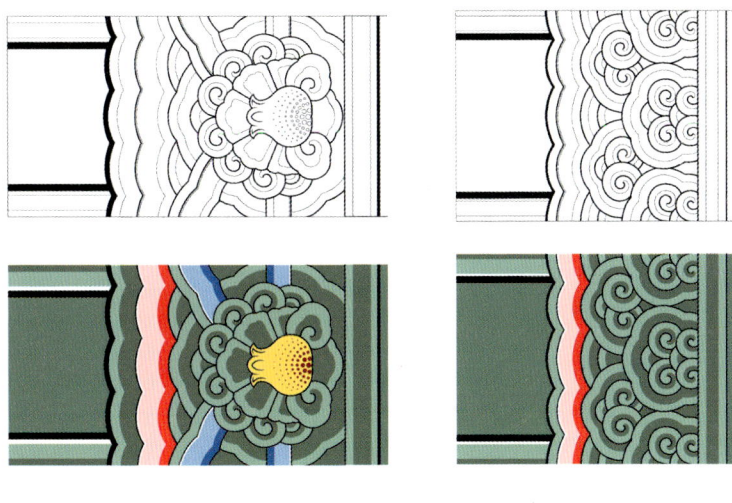

외부5층 도리장여머리초   외부5층 도리뺄목머리초

외부5층 소로   외부5층 주두

외부5층 연목머리초

외부5층 첨차

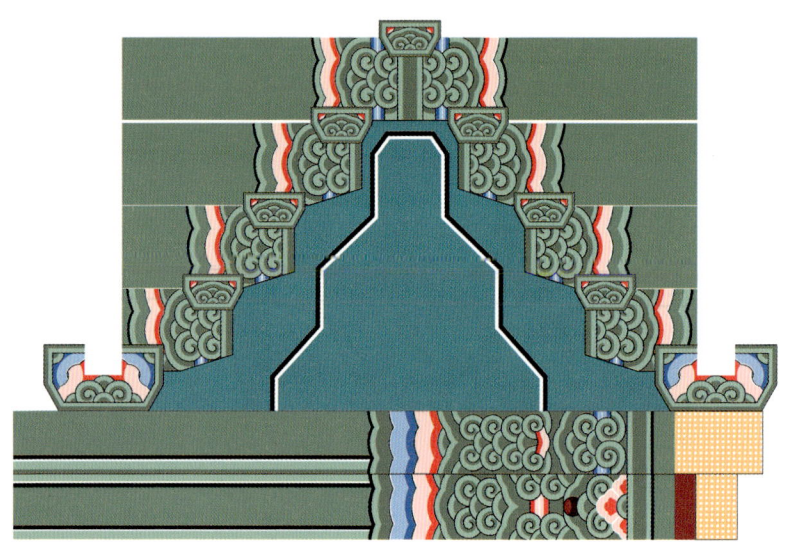

외부5층 주심첨자-입면-단청현황도

외부5층 귀포-귀한대제공

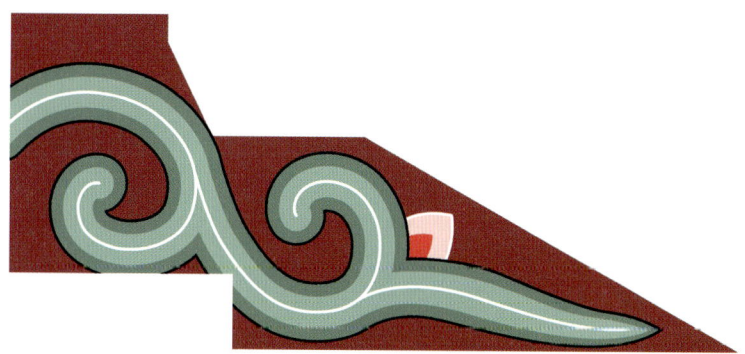

외부5층 귀포-제1제공초틀임

외부5층 공포

외부5층 공포

외부5층 공포

외부5층 공포 전면

외부5층 귀공포

외부5층 도리장여 석류머리초

외부5층 평방단

외부5층 주두

외부5층 창방, 평방머리초